ZenArt Editions

Jardines armoniosos

Relaxing Coloring Book

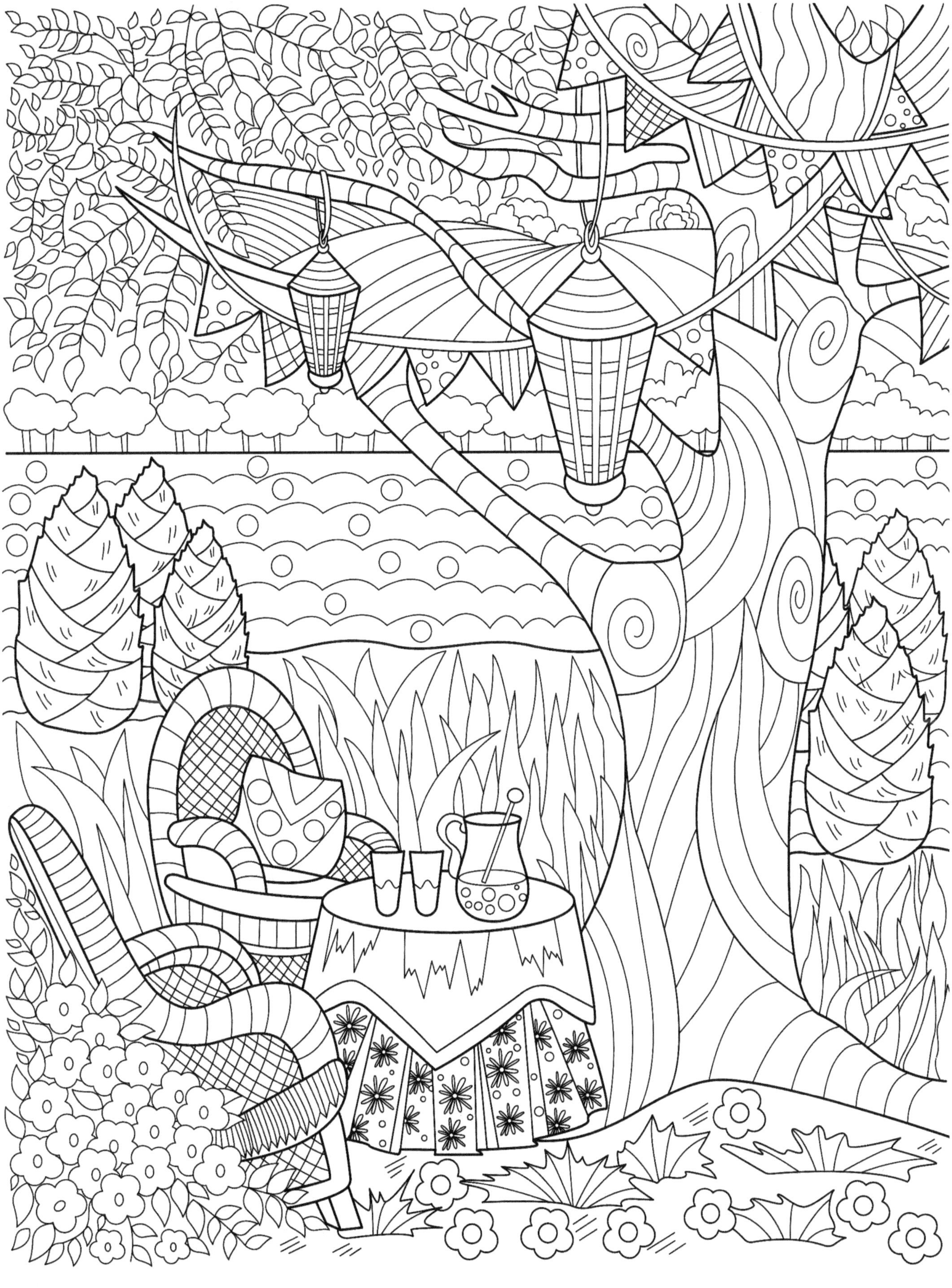

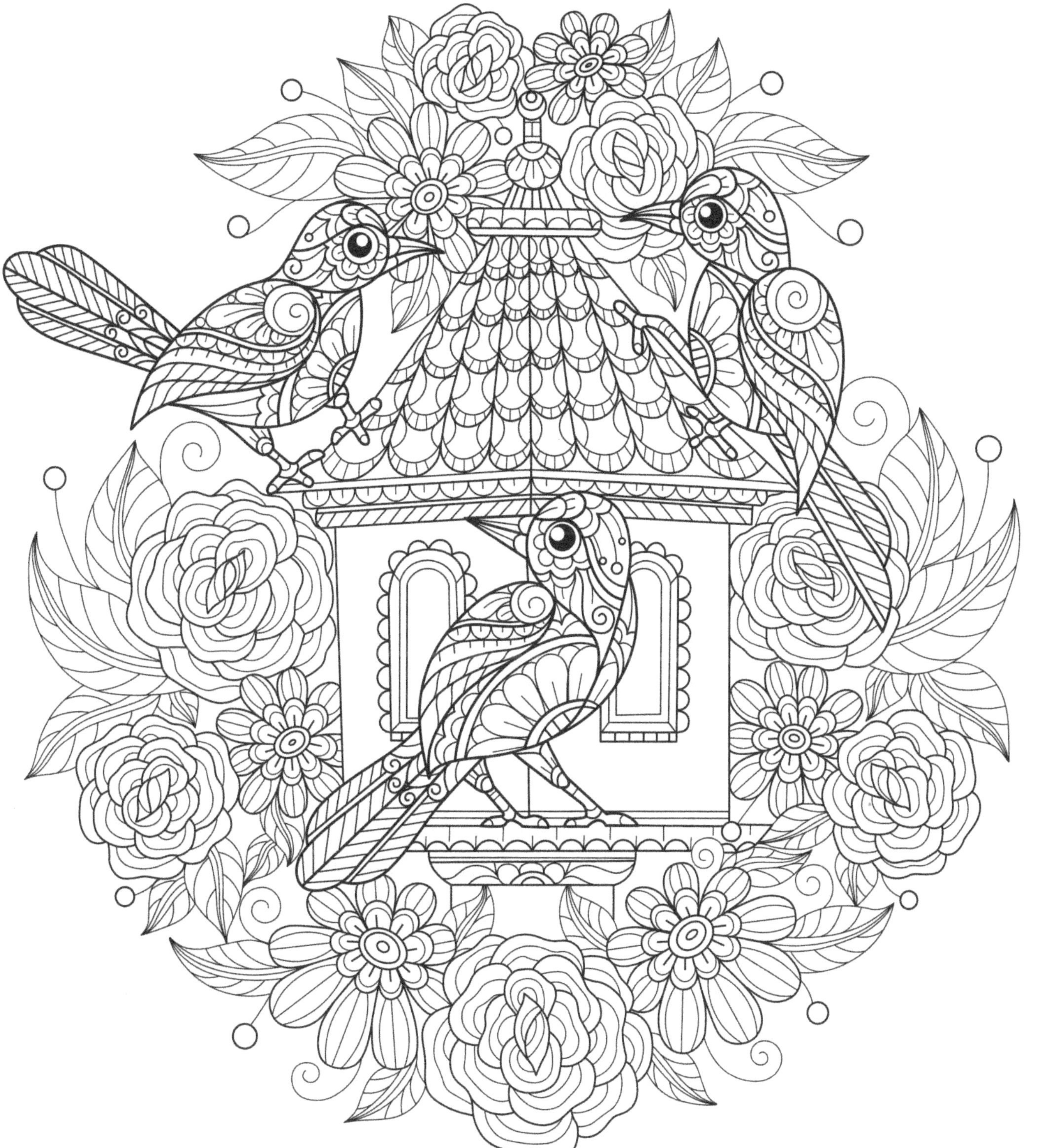

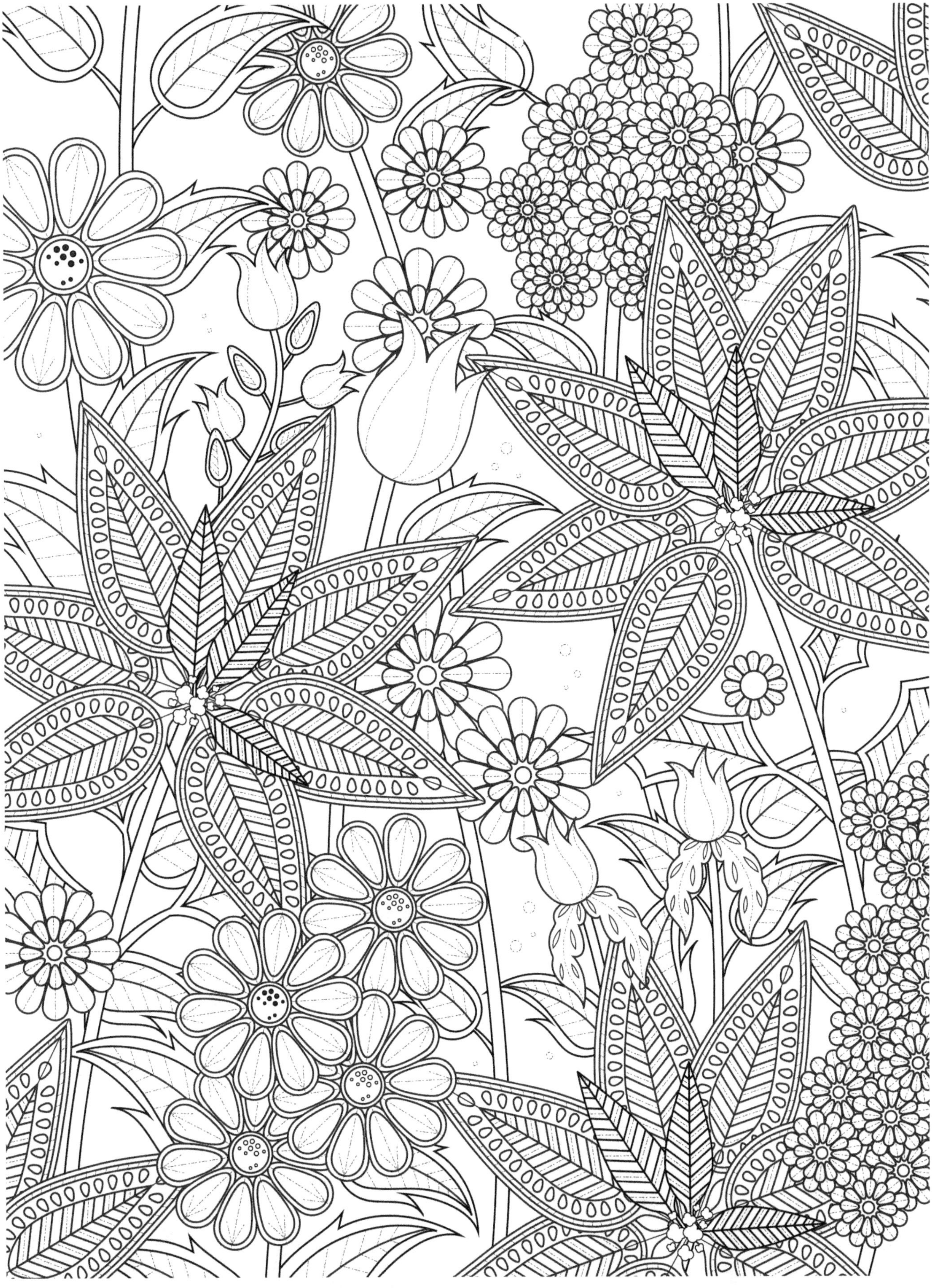

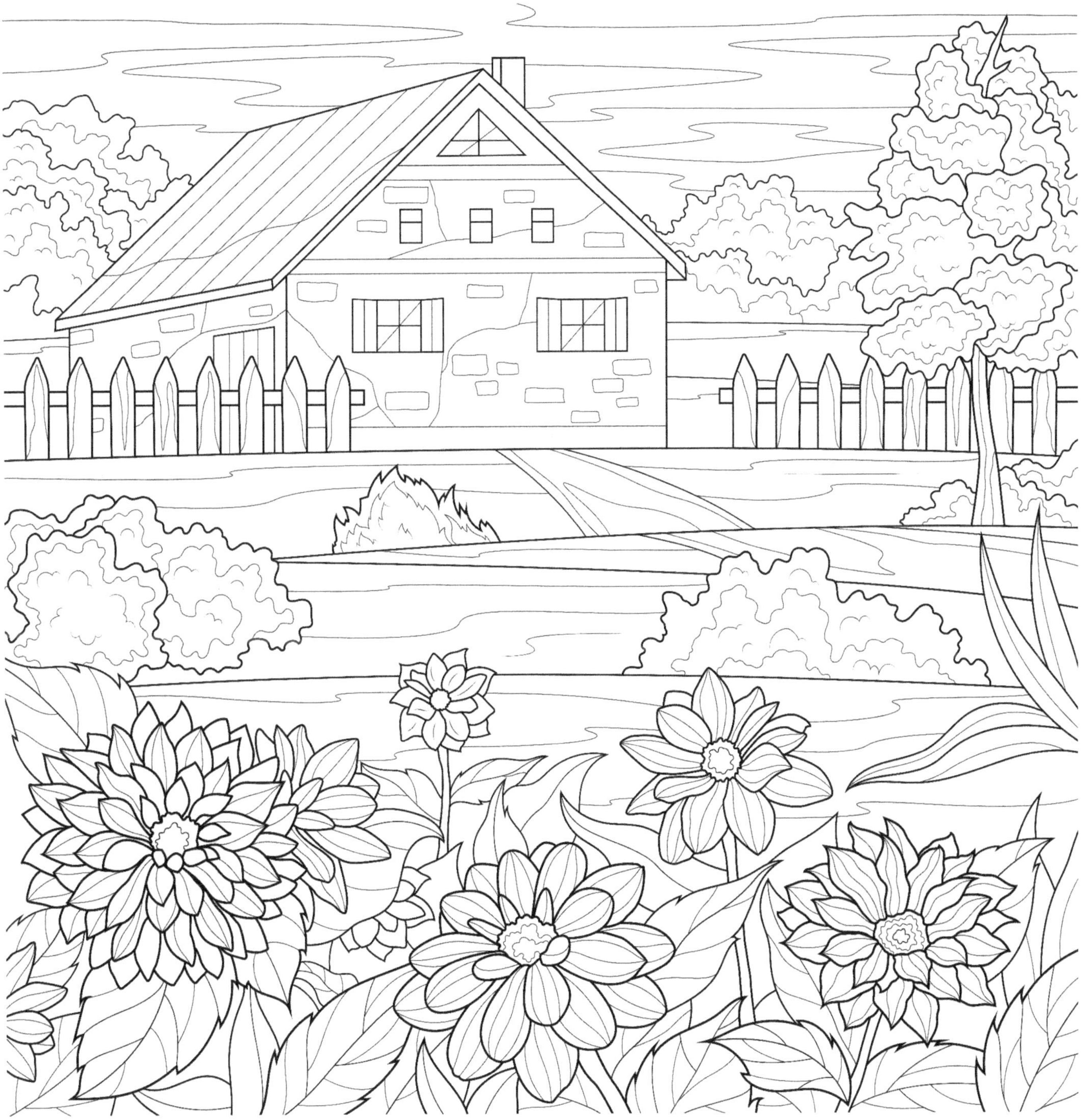

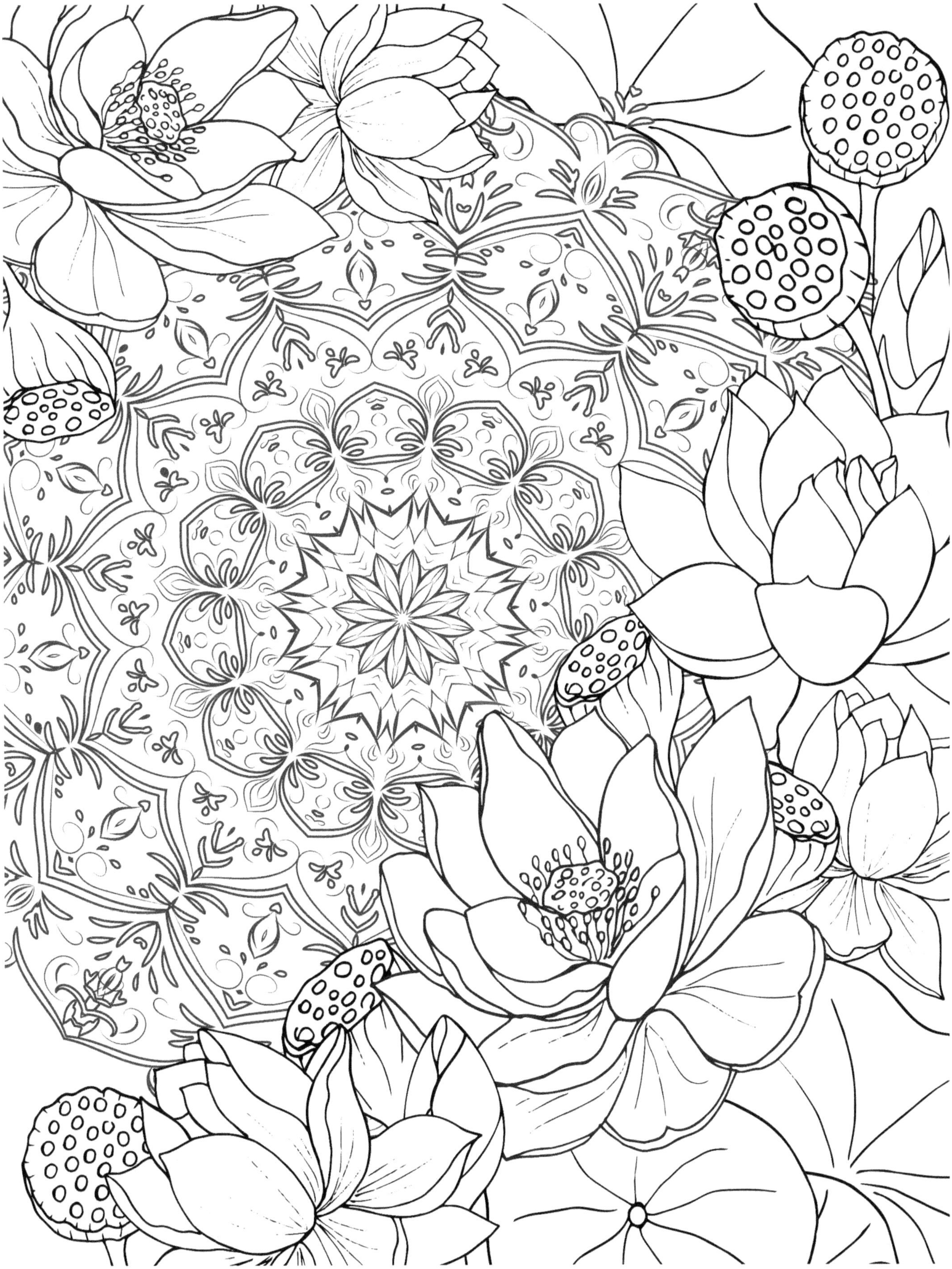

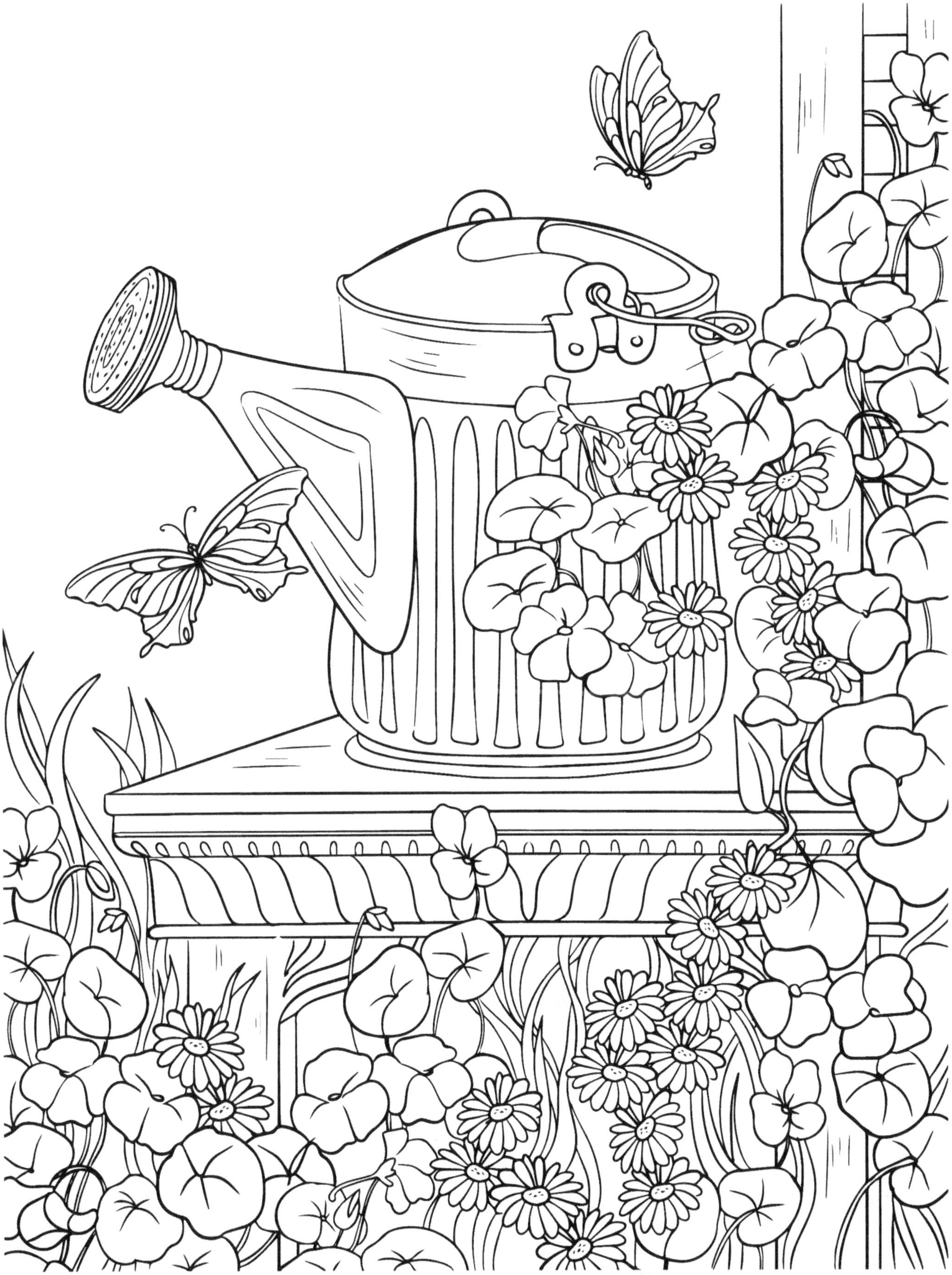

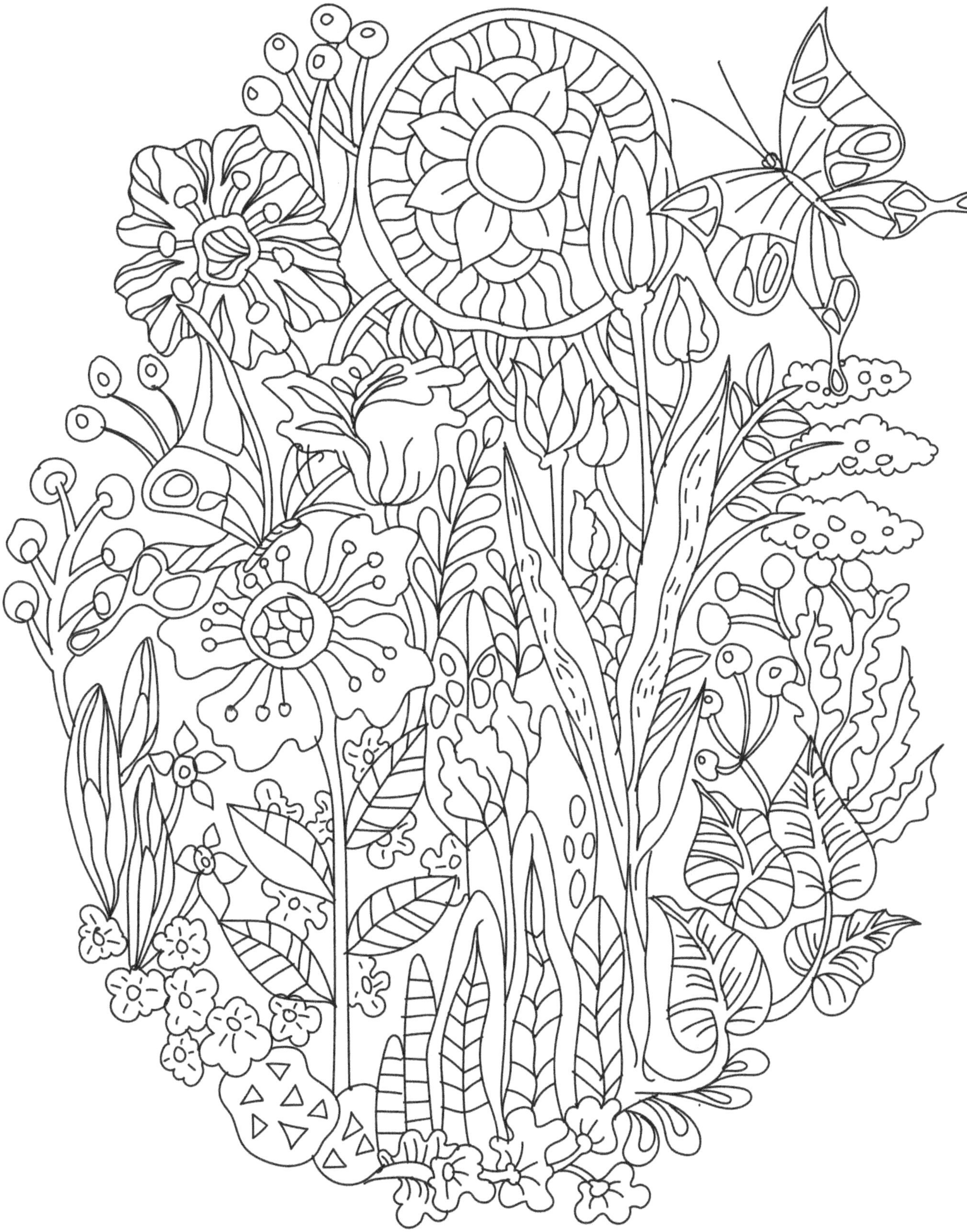

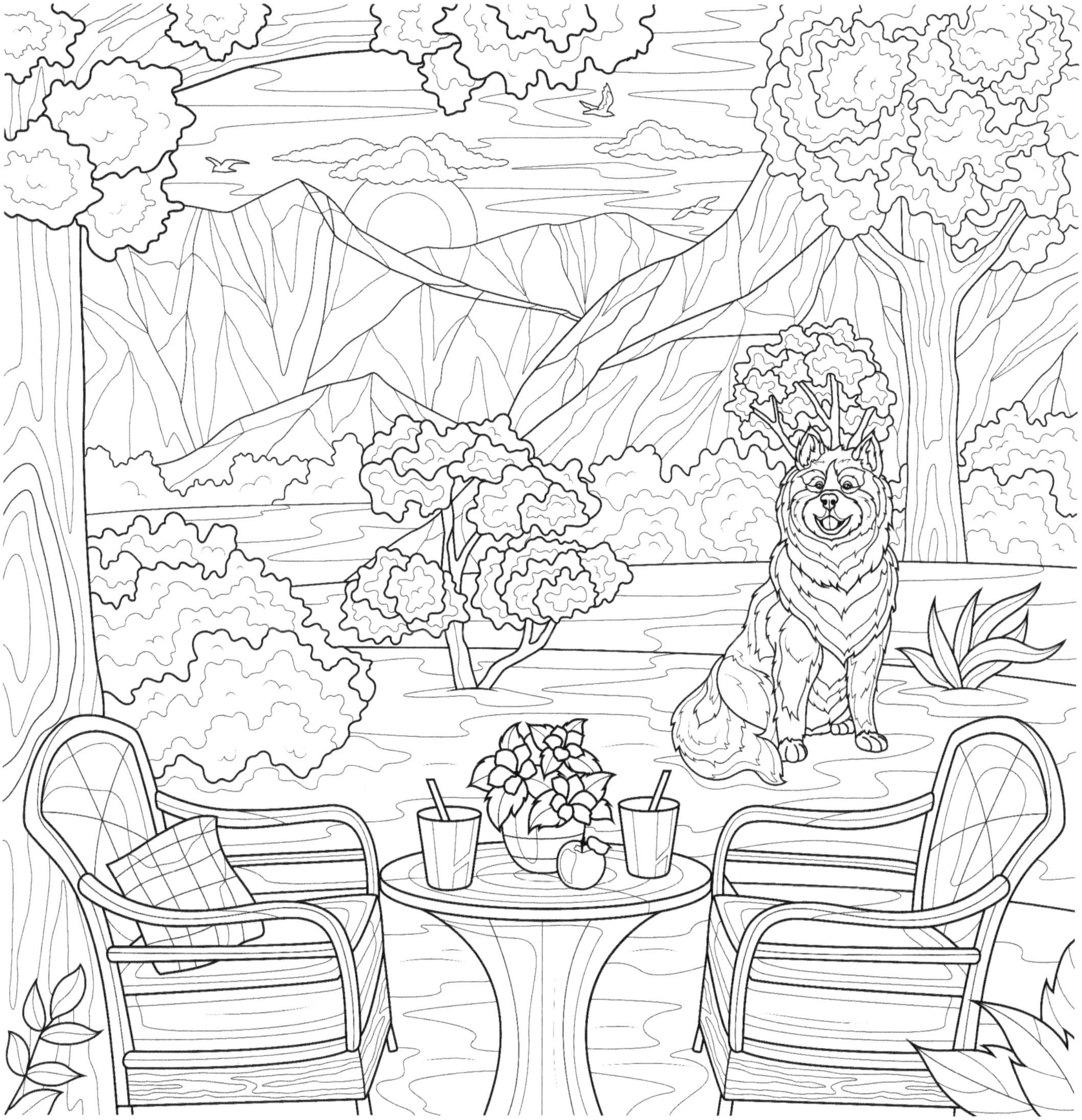

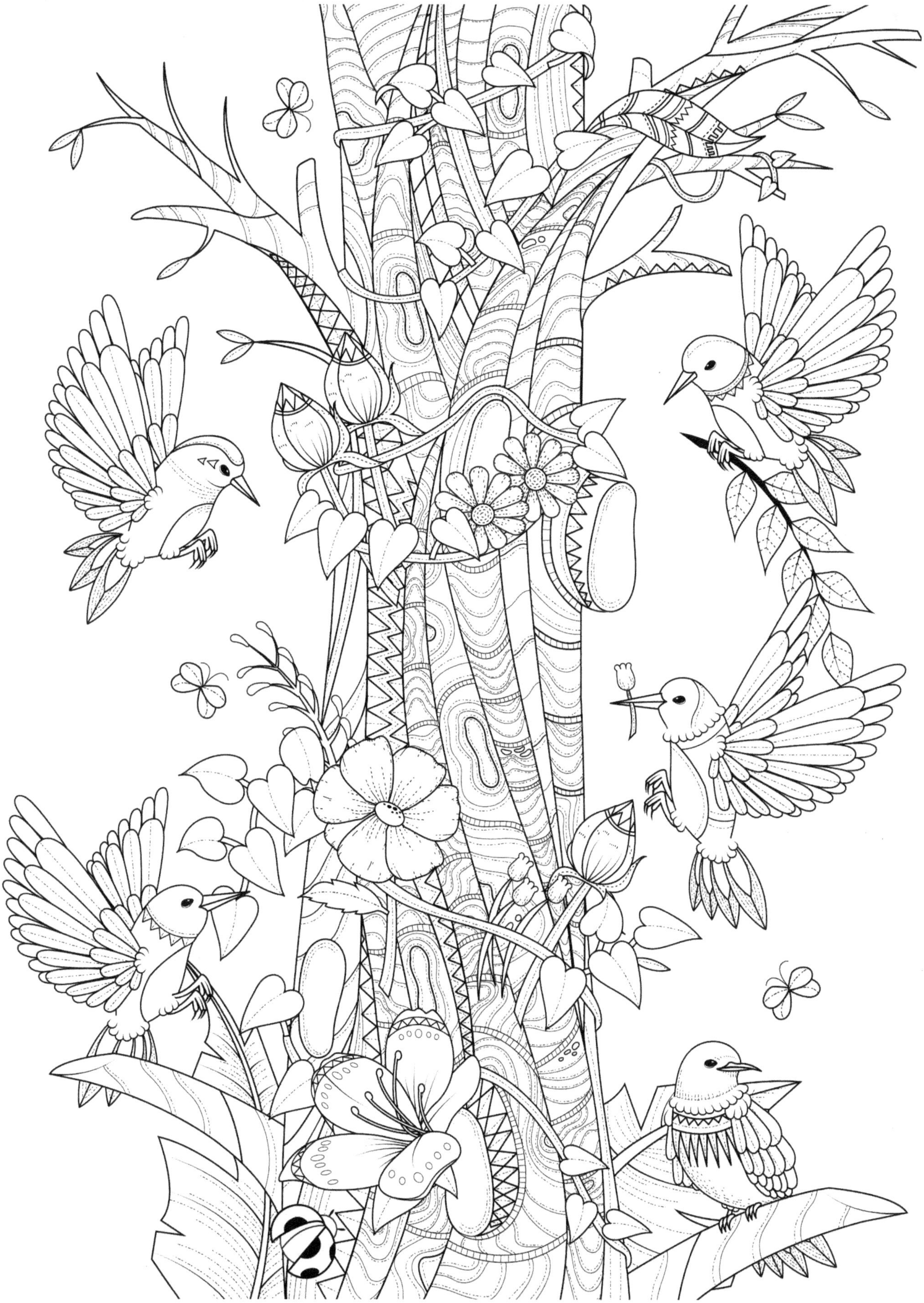

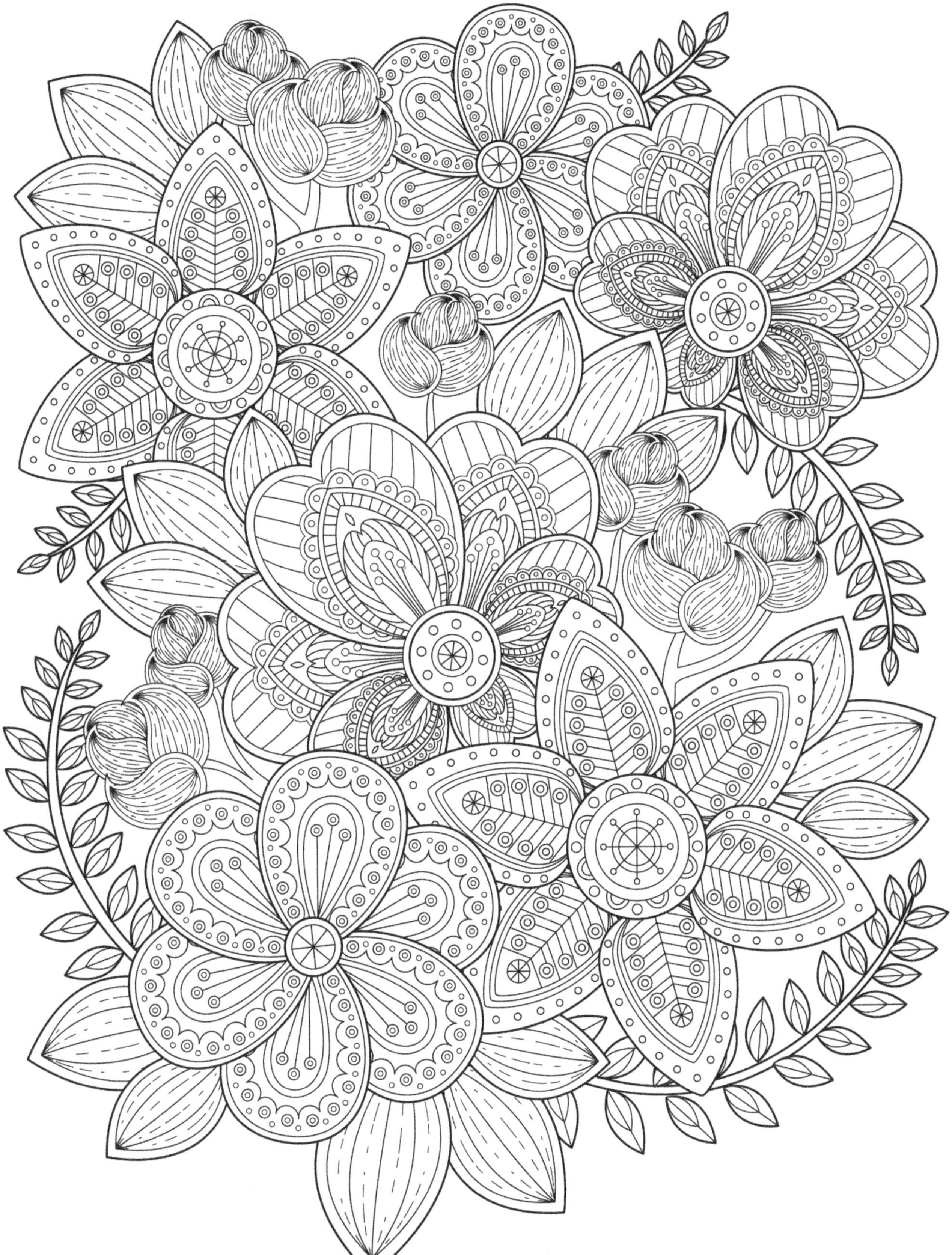

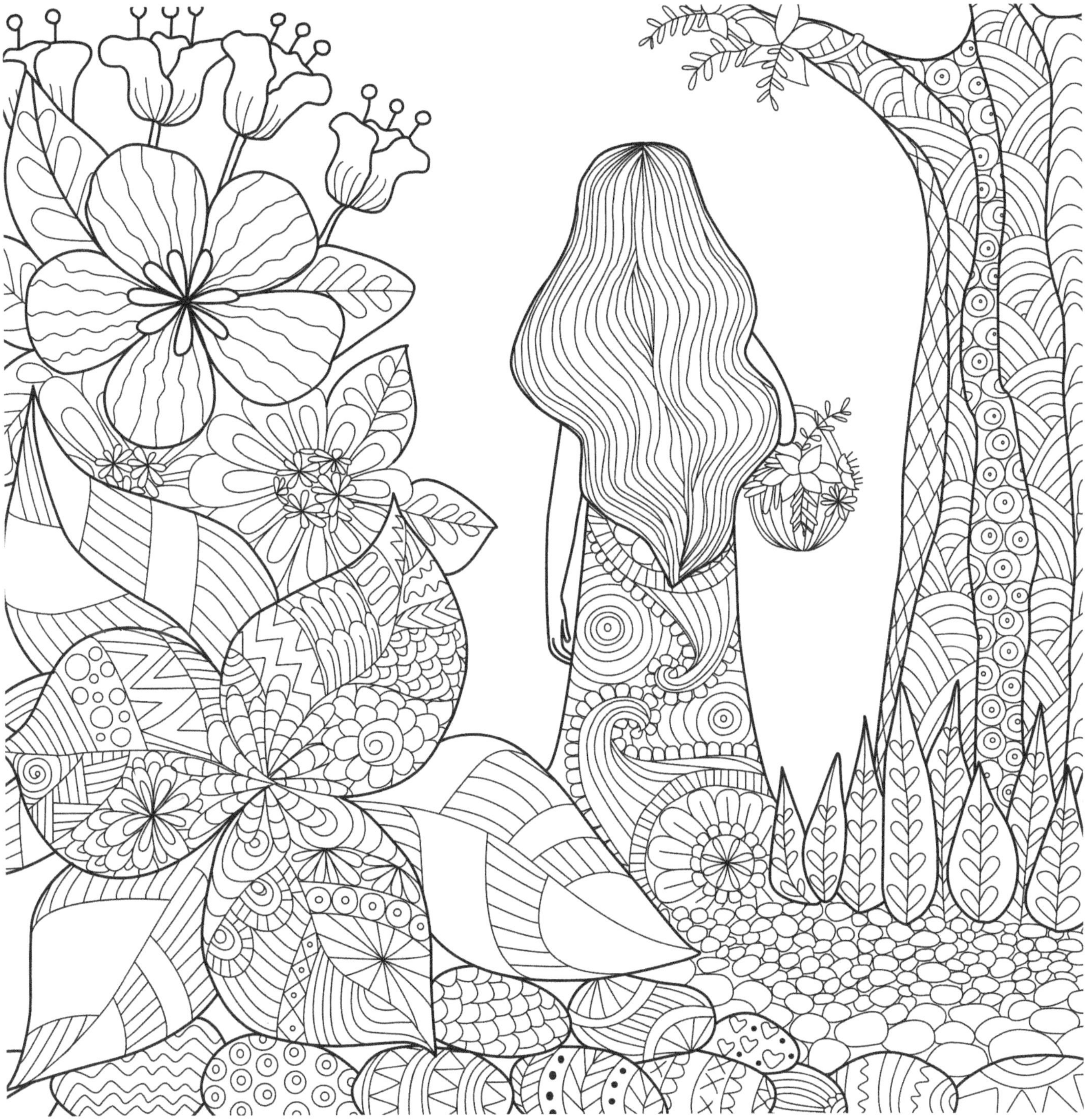

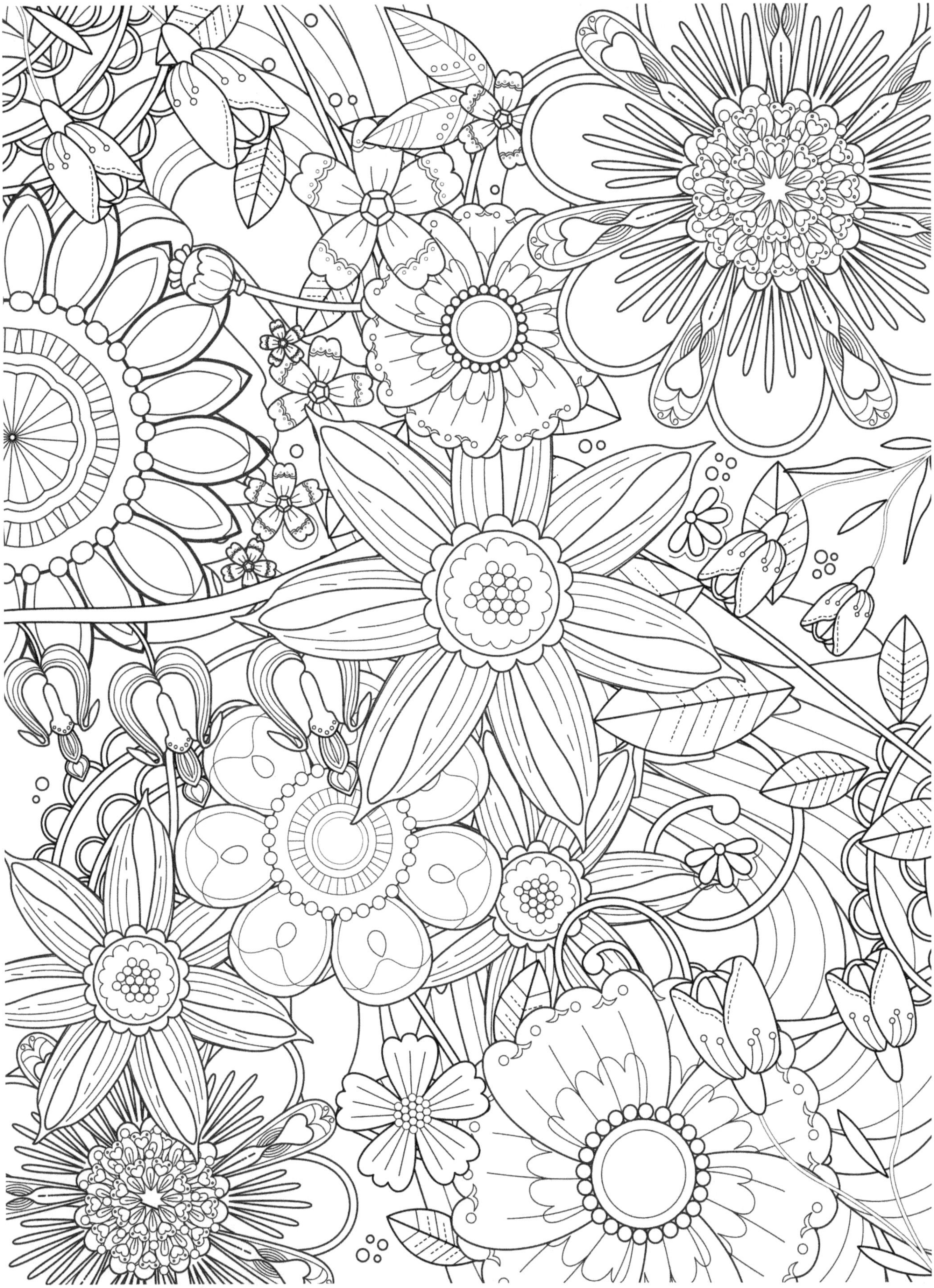

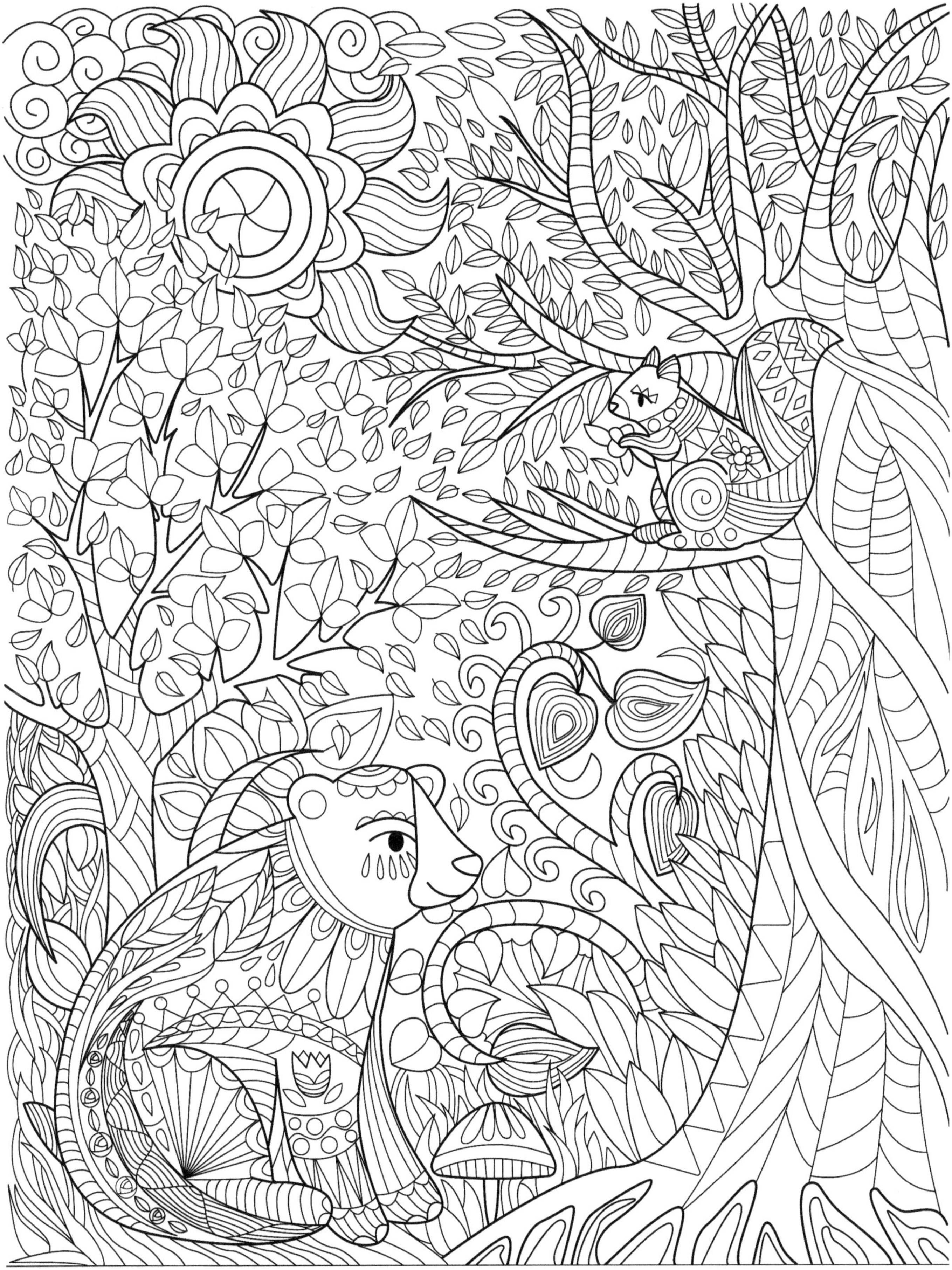

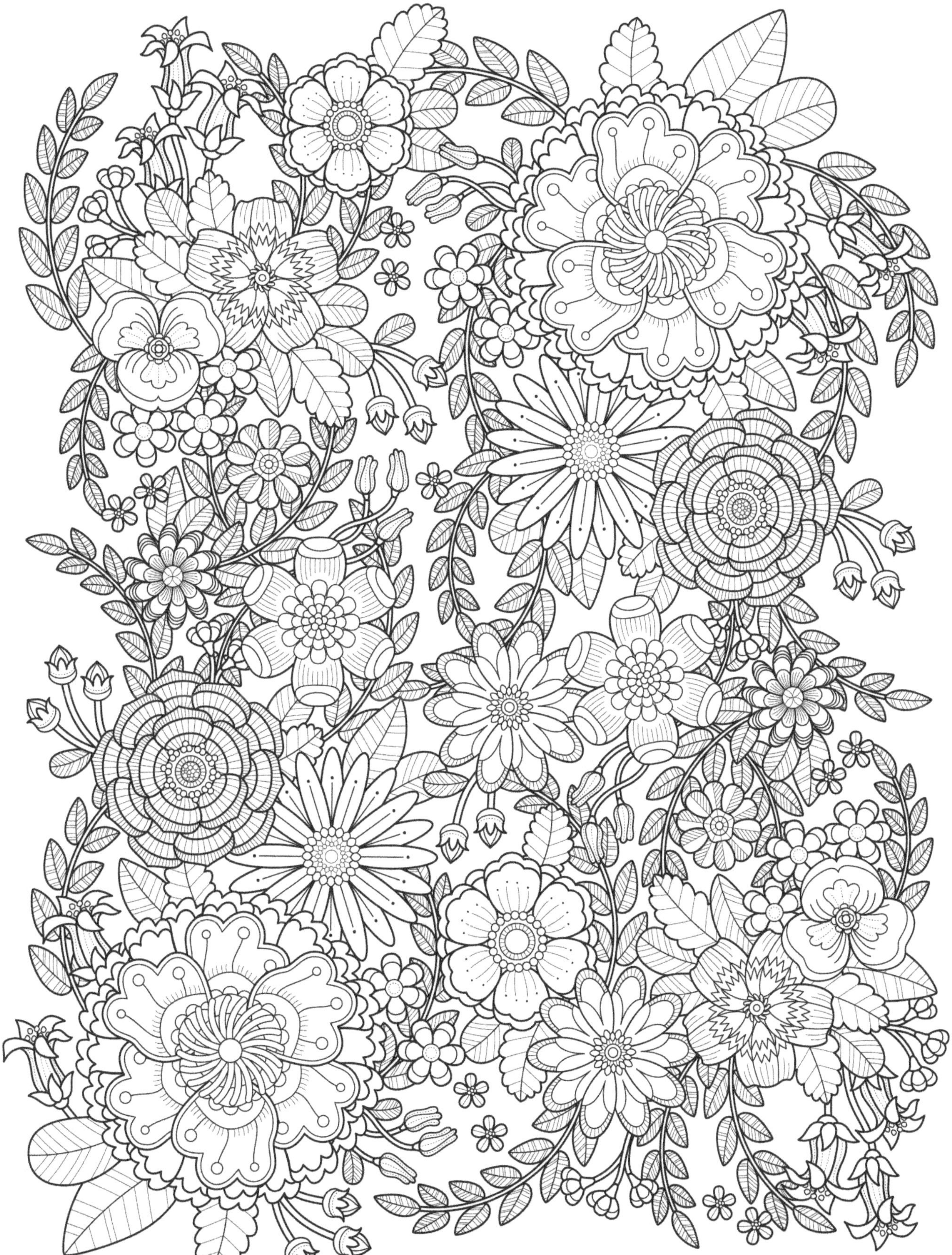

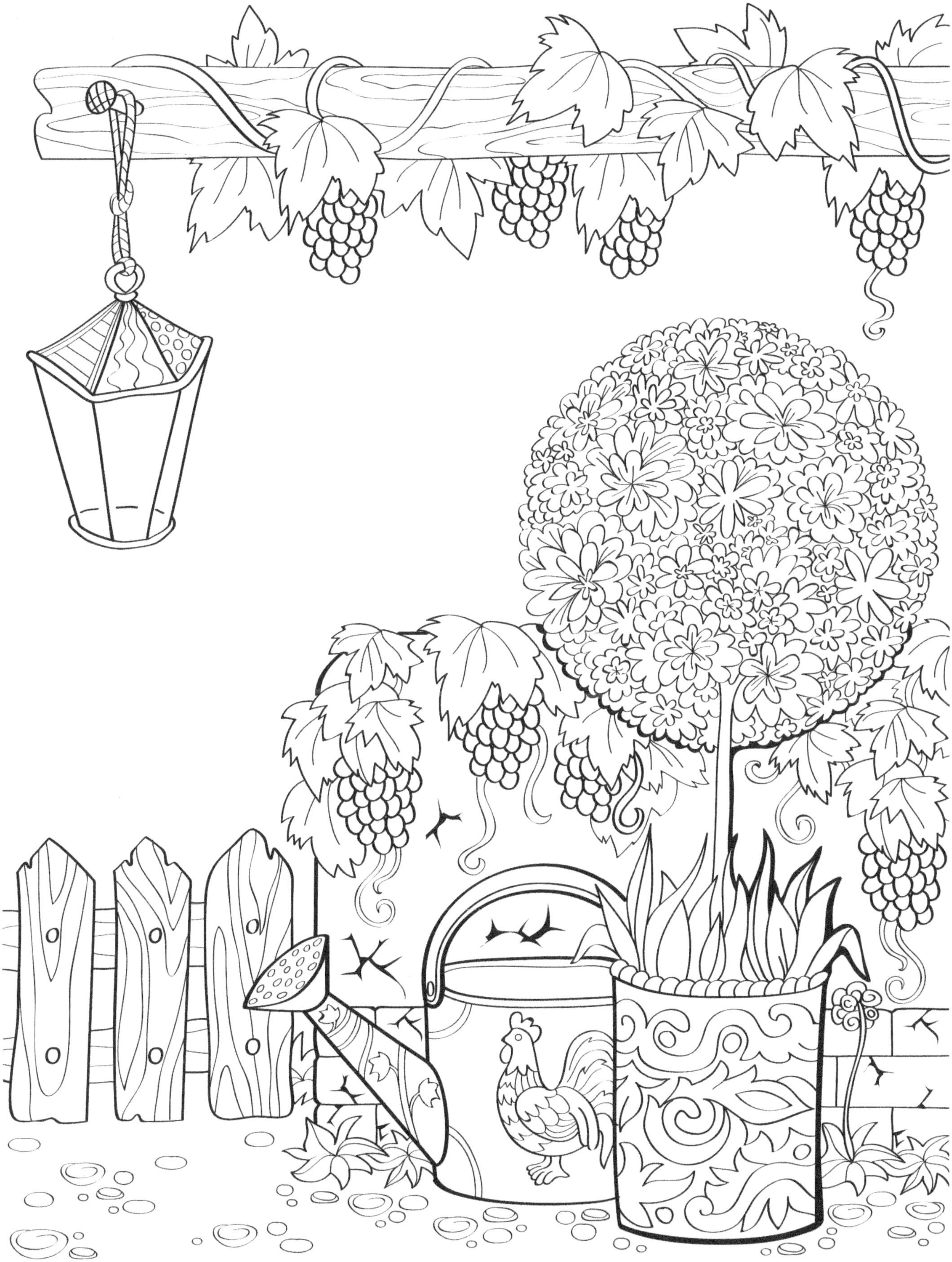

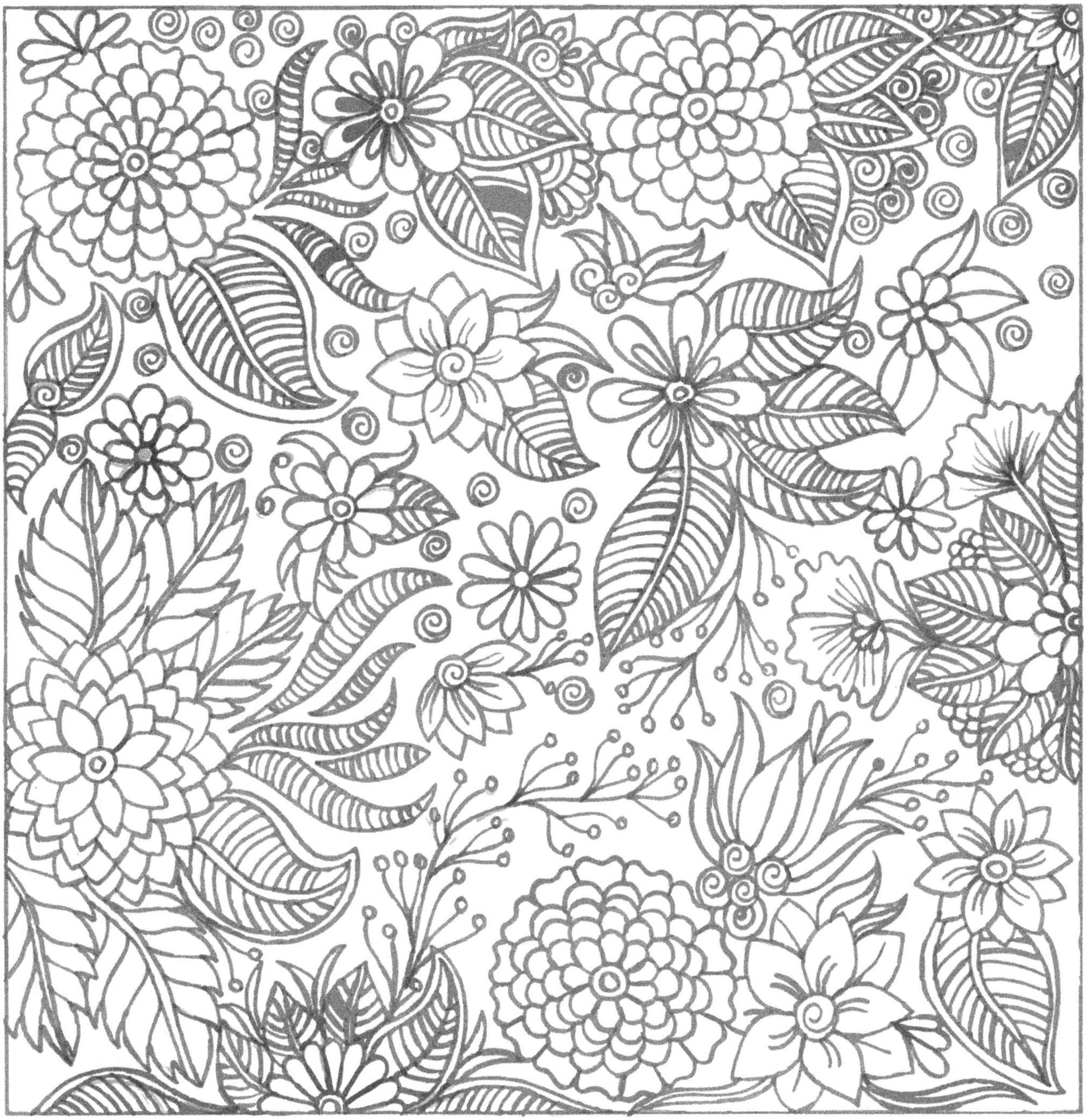

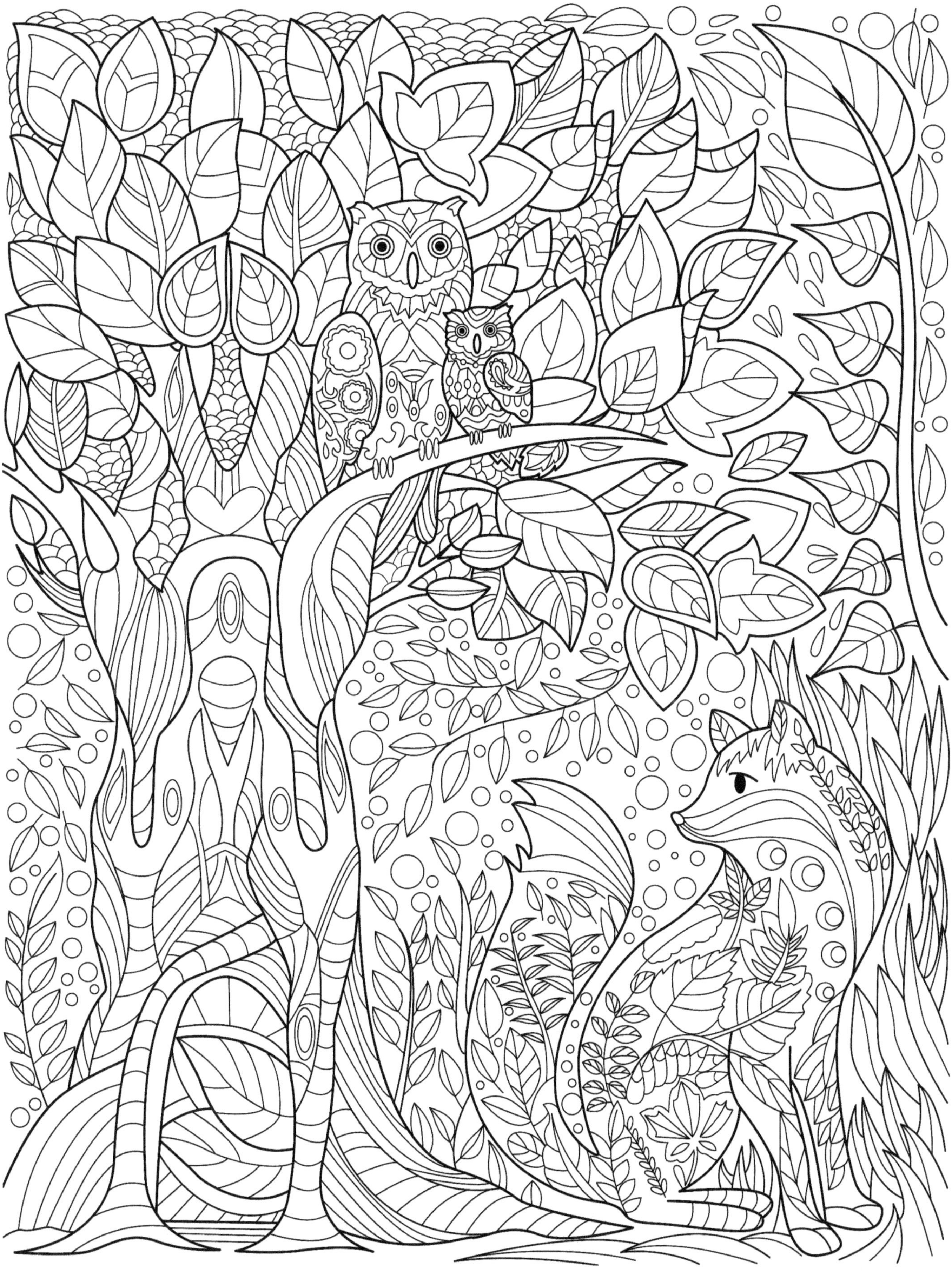

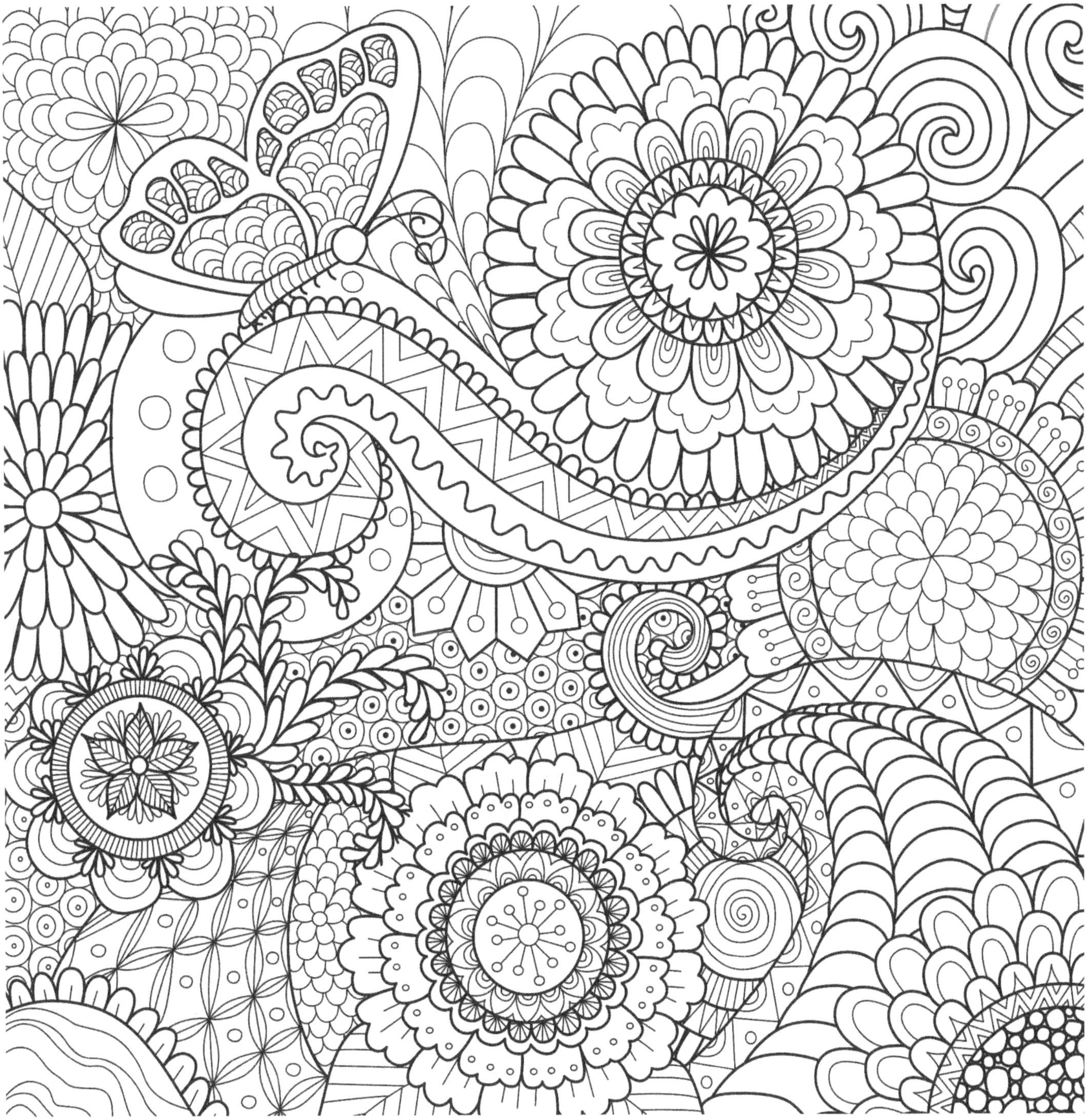

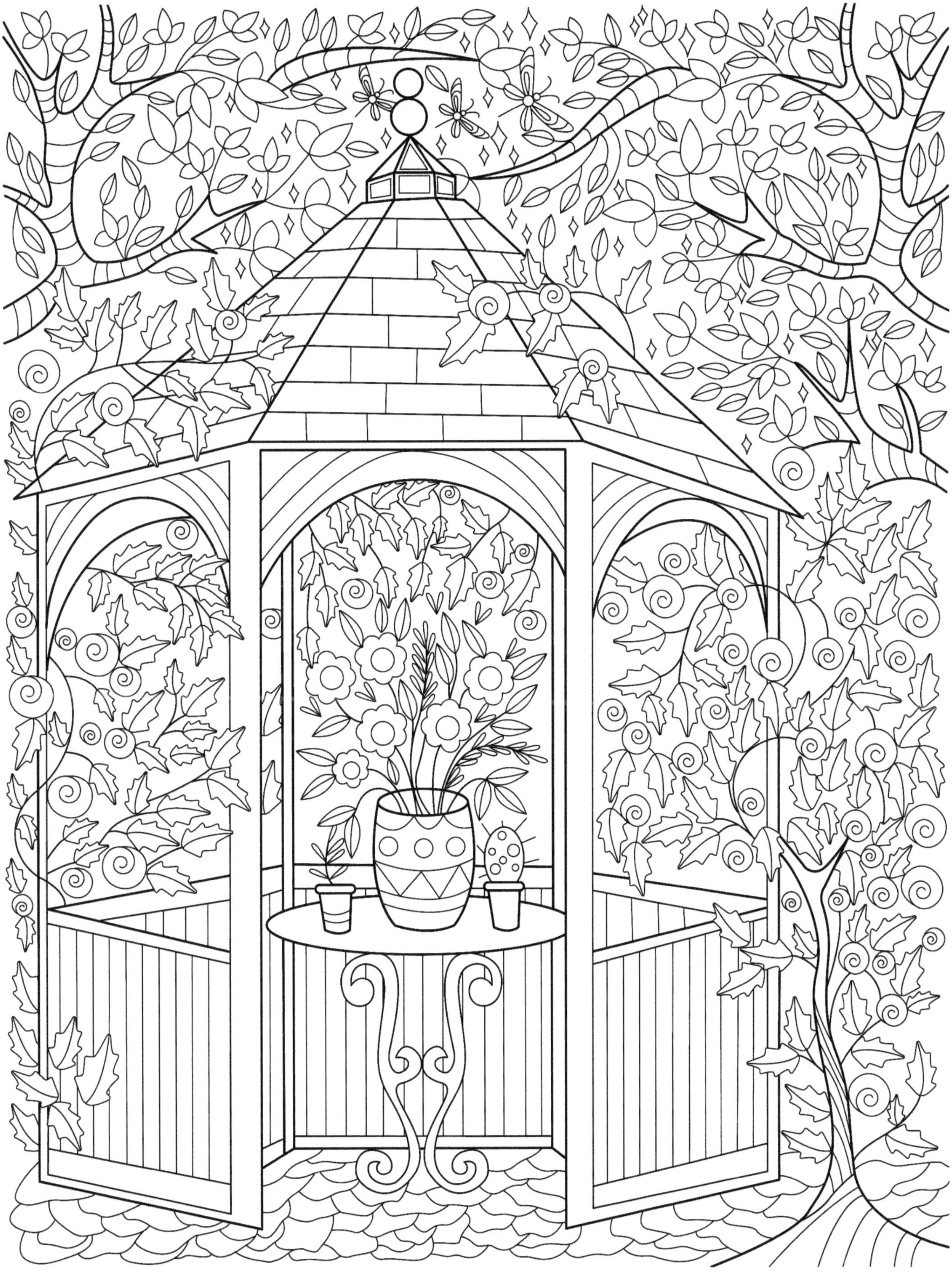

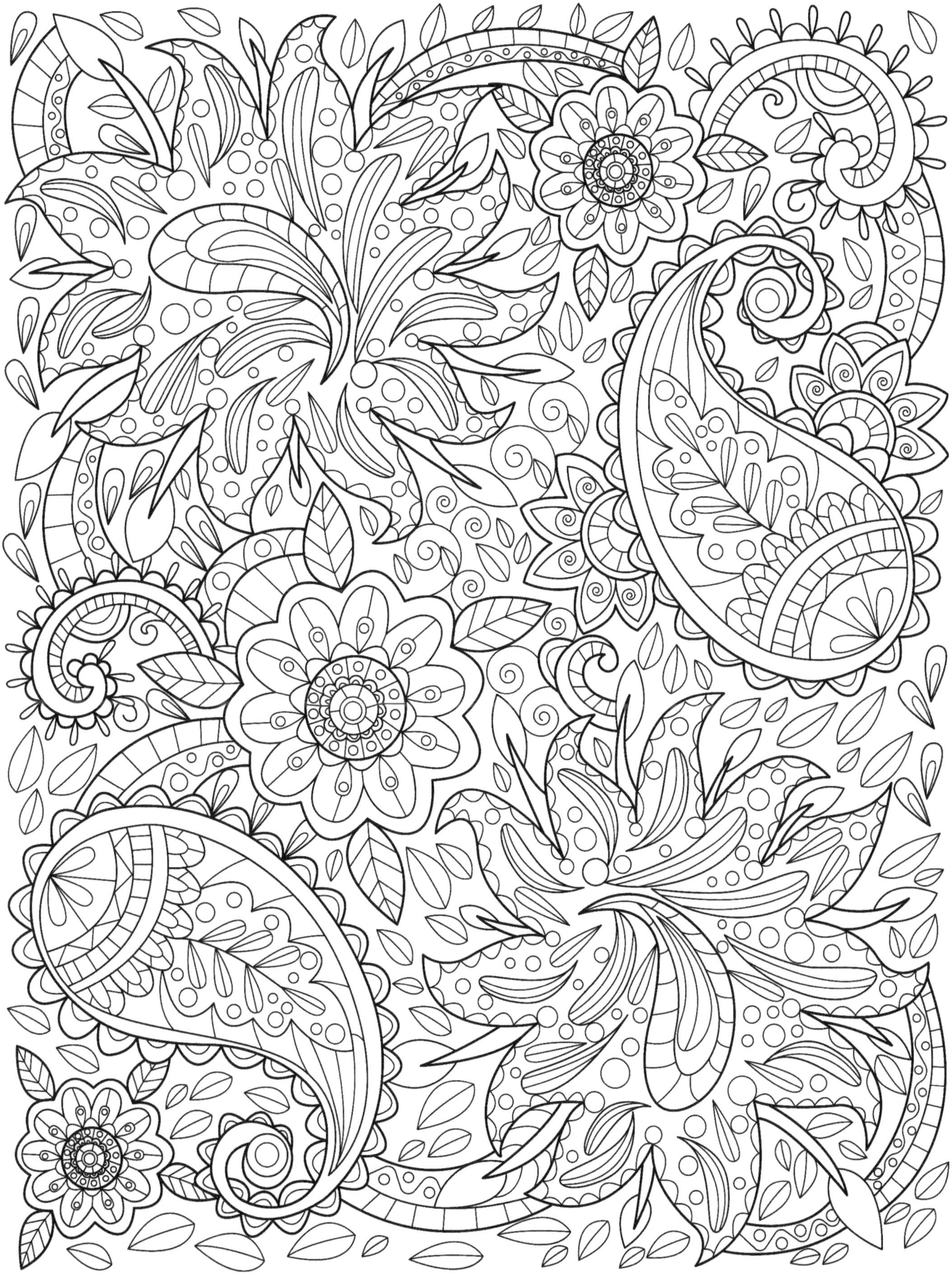

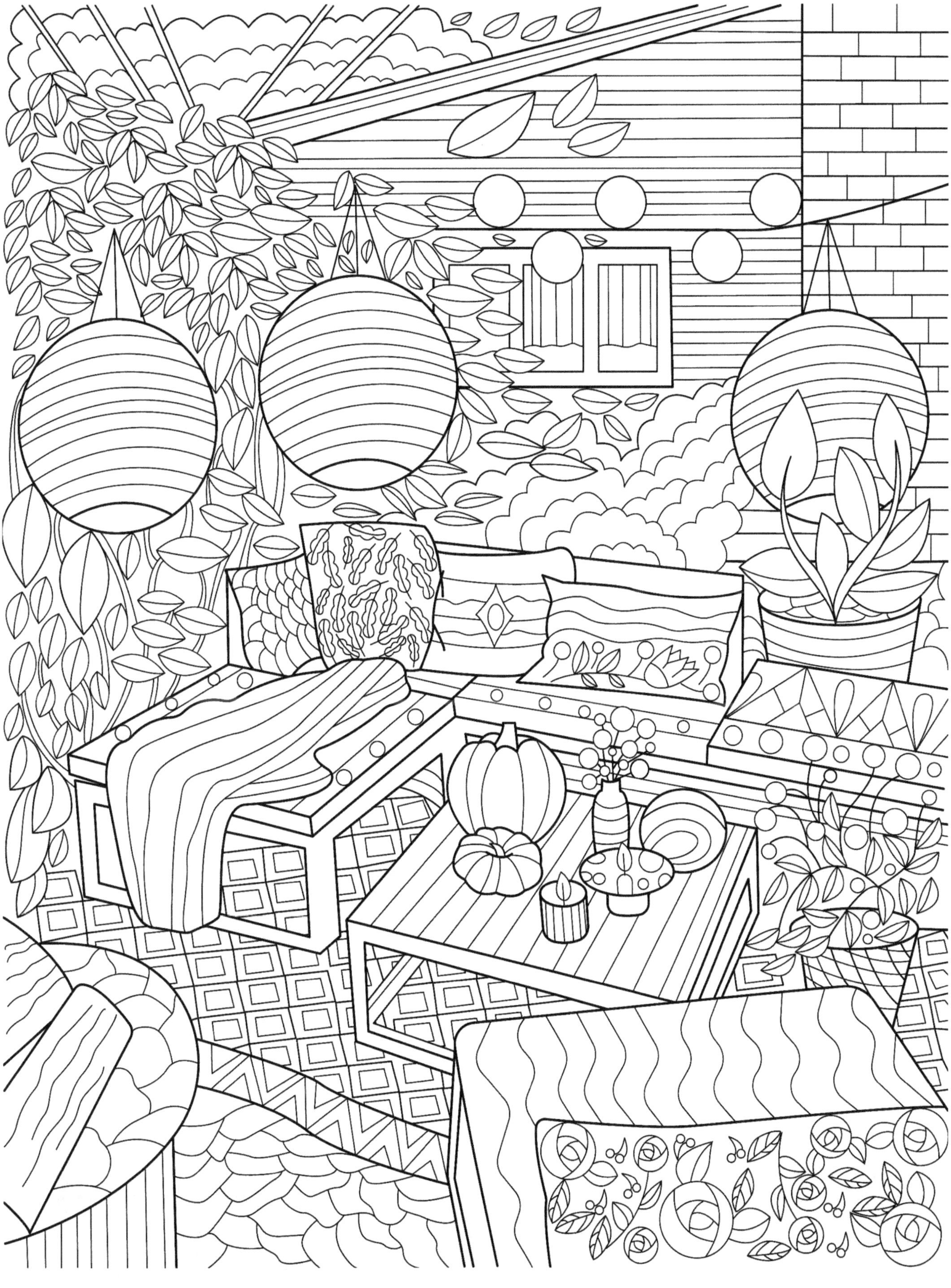

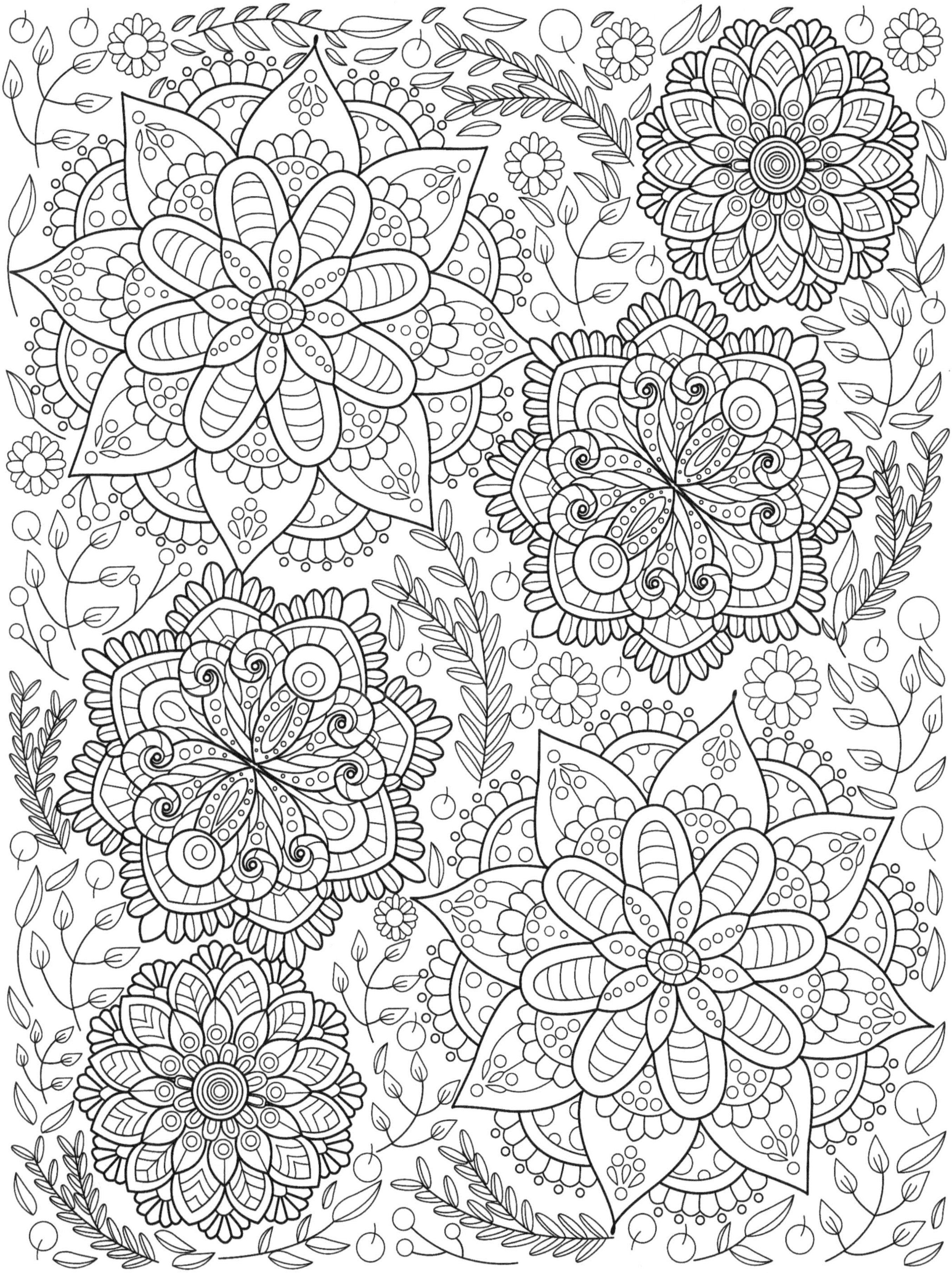

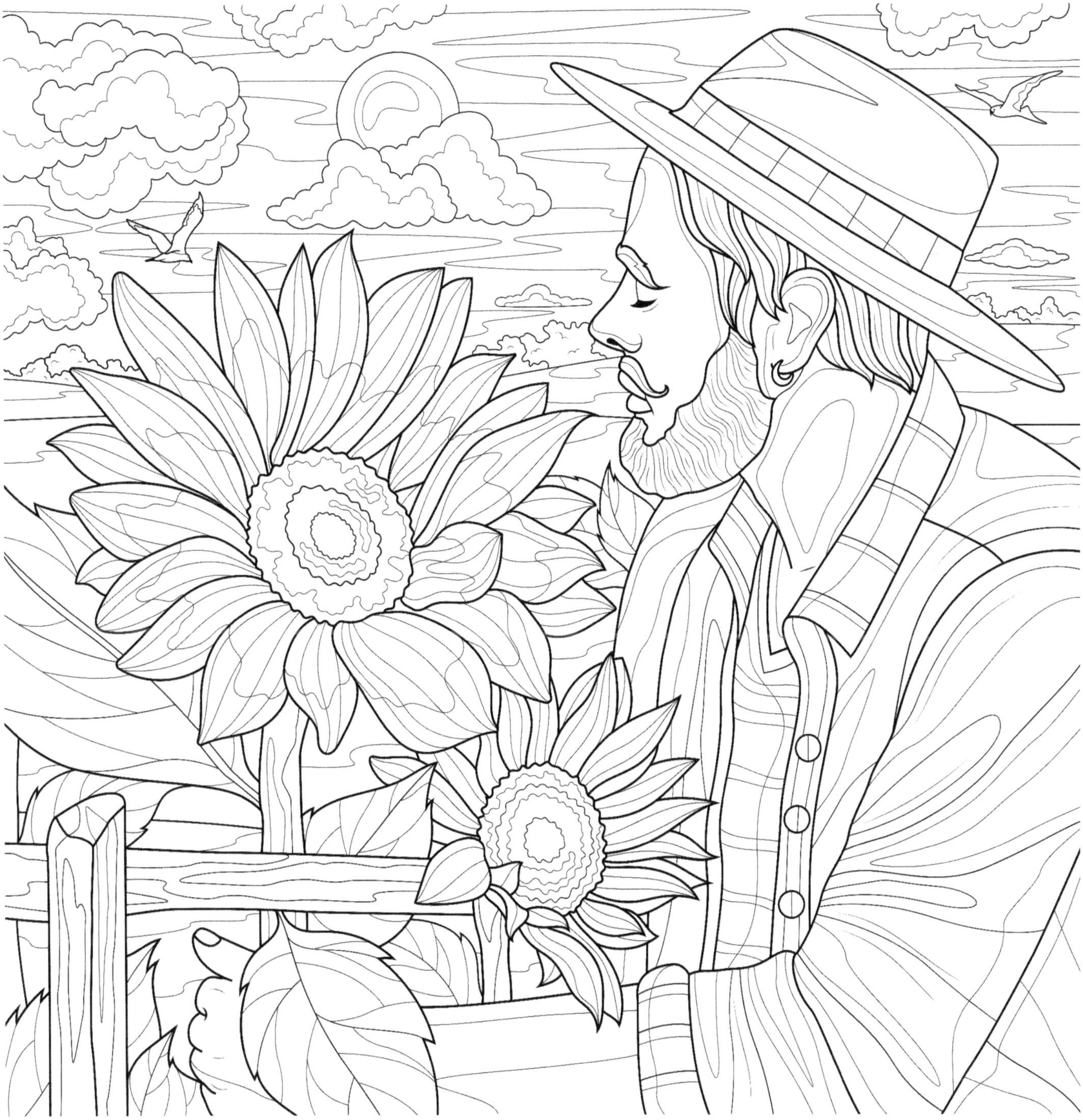

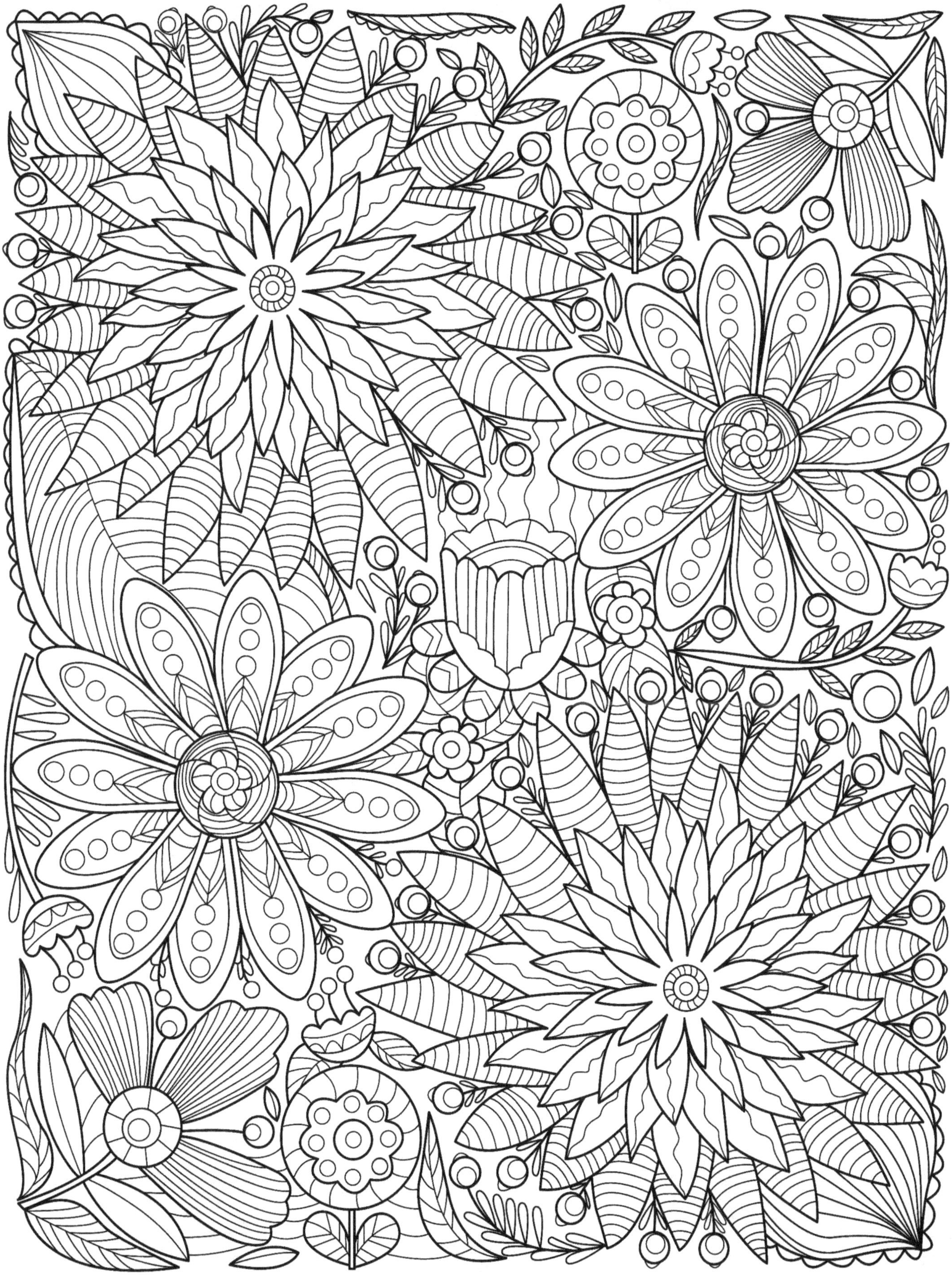

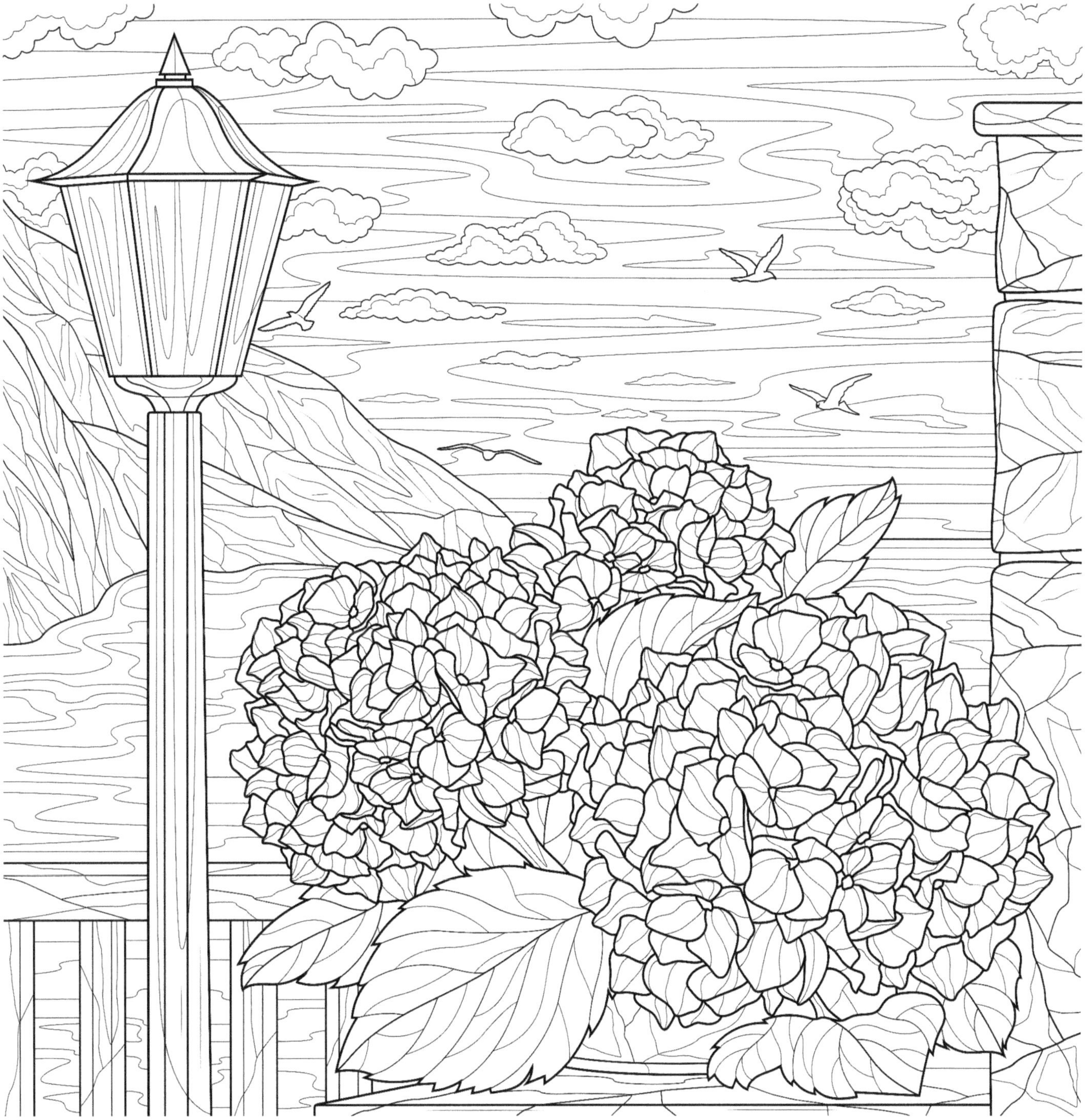

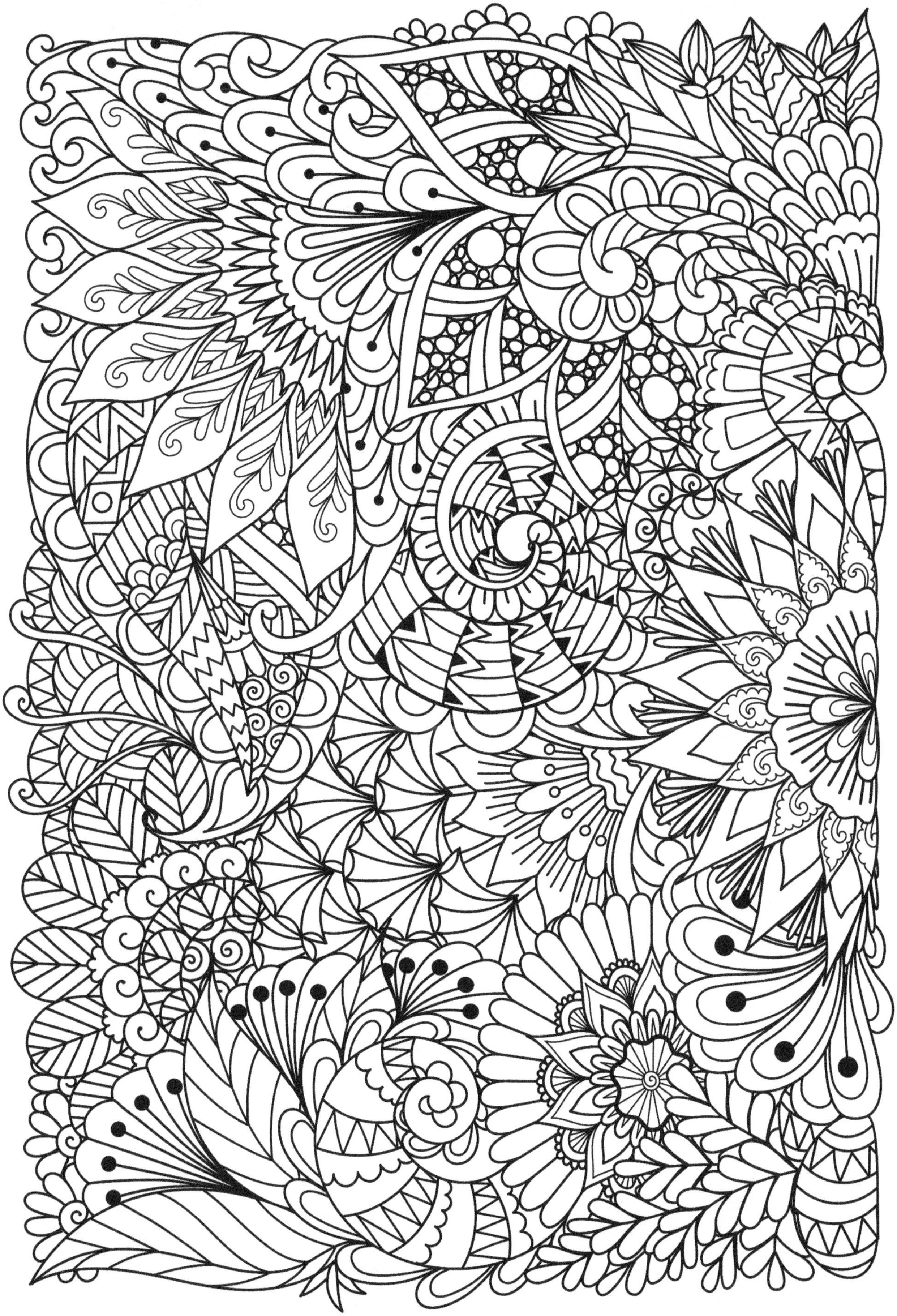

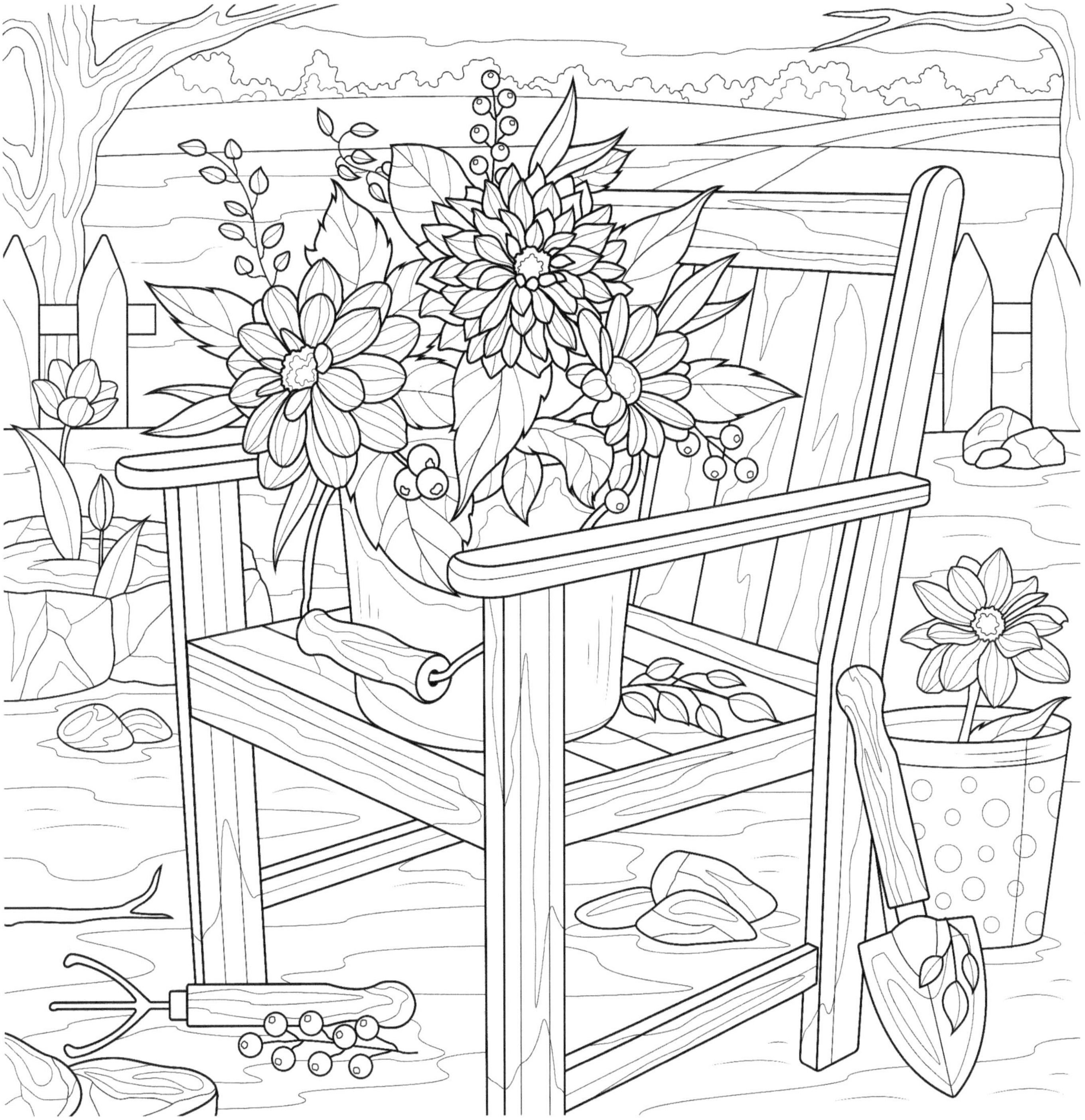

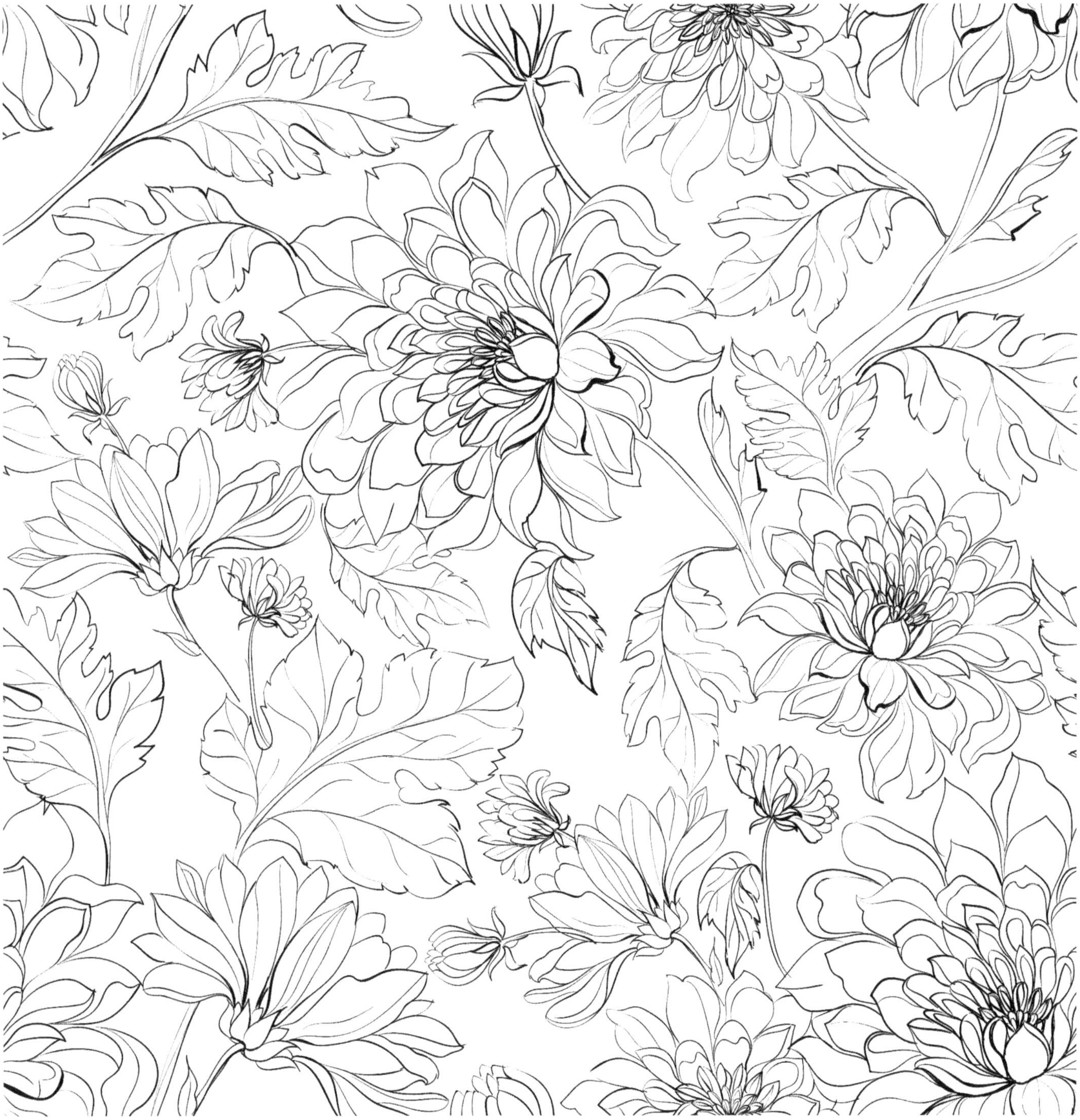

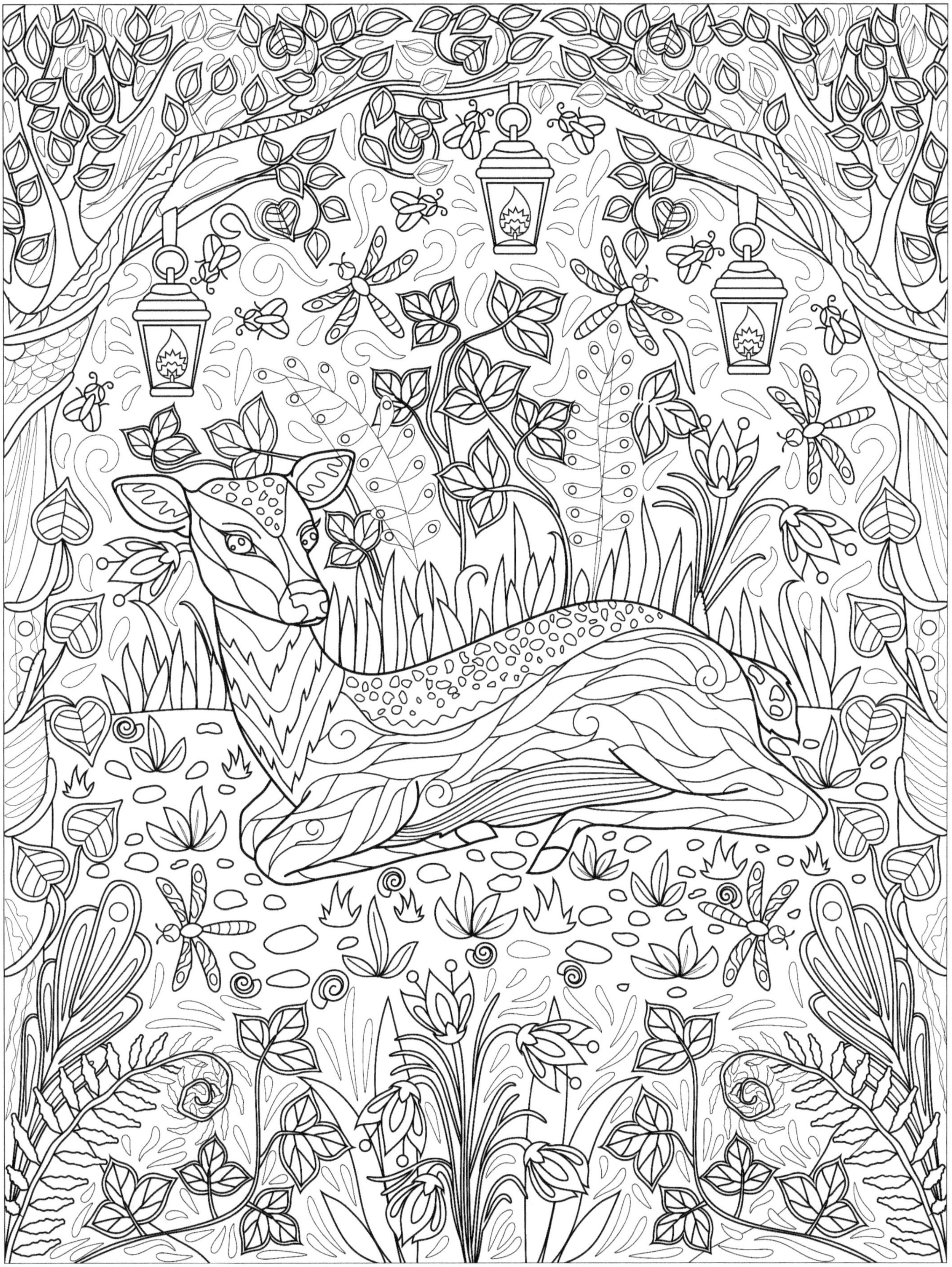

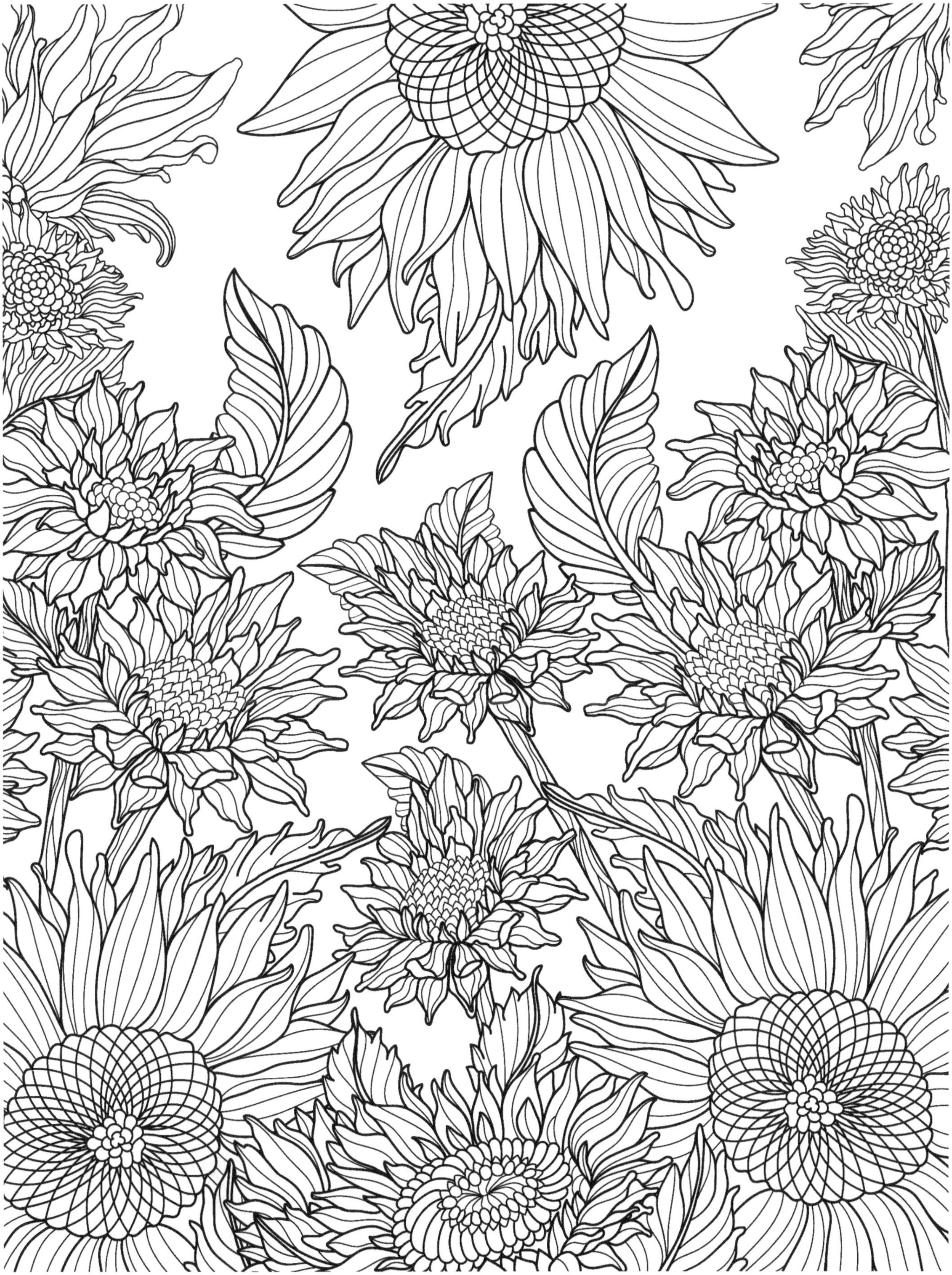

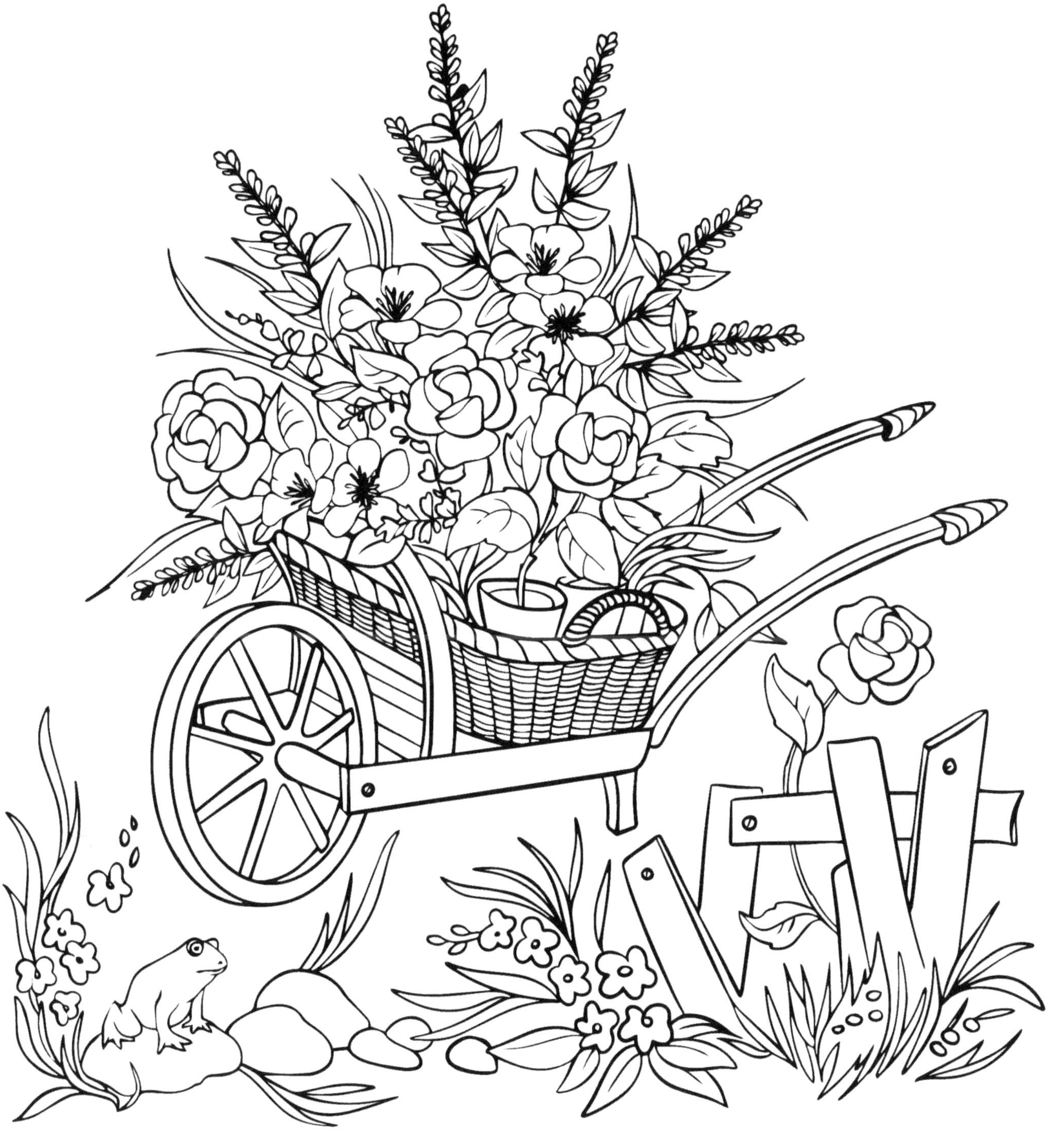

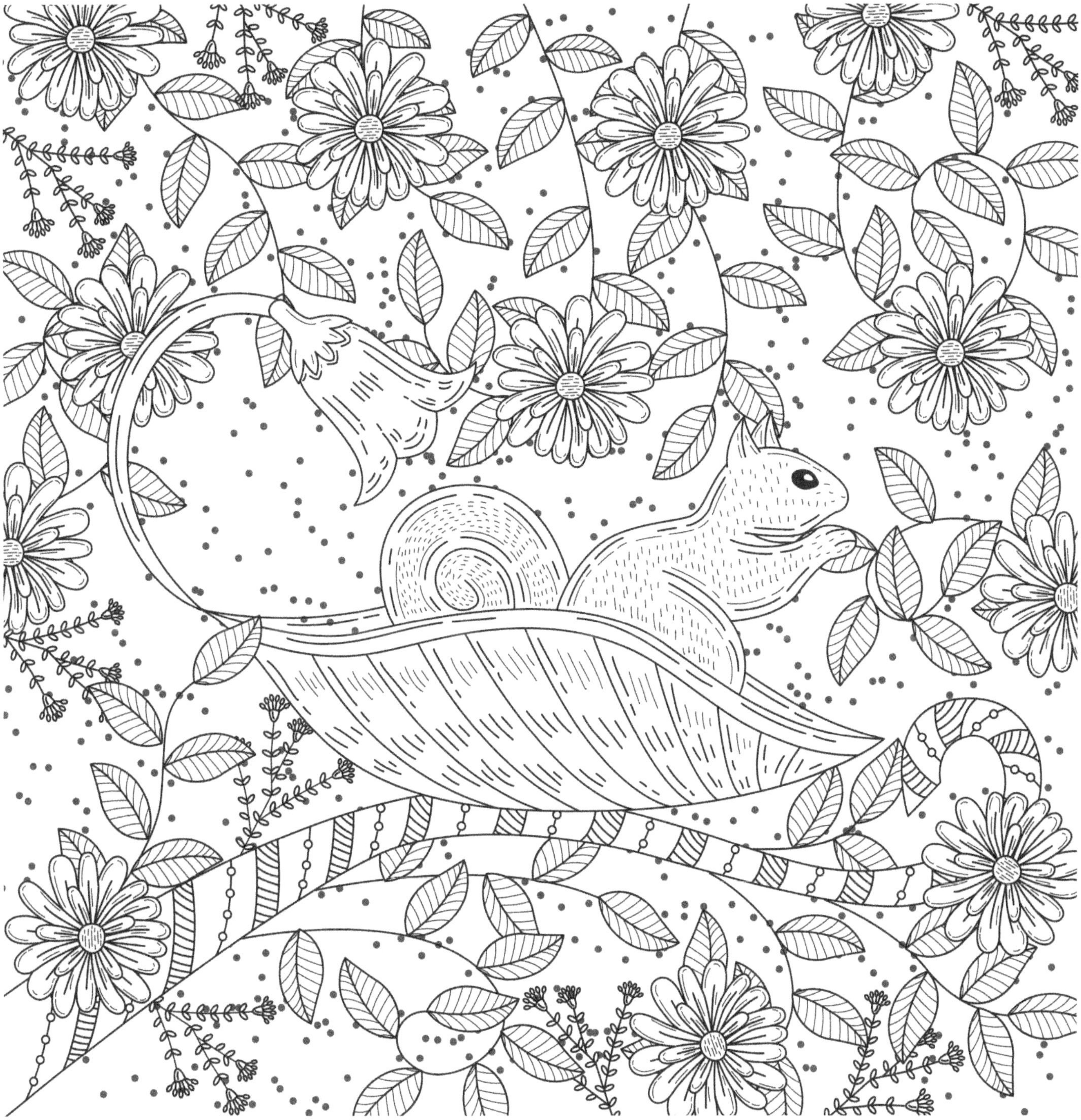

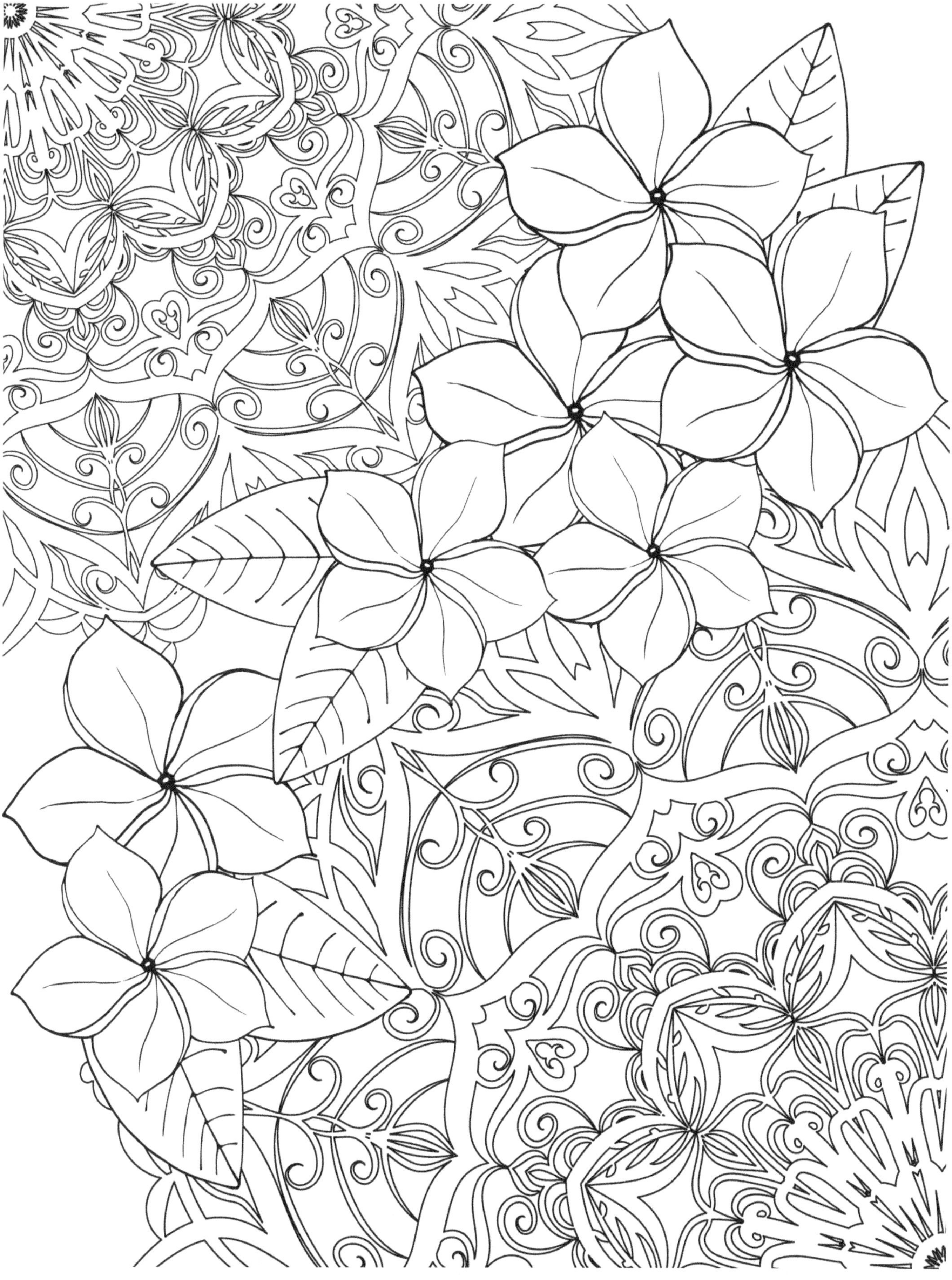

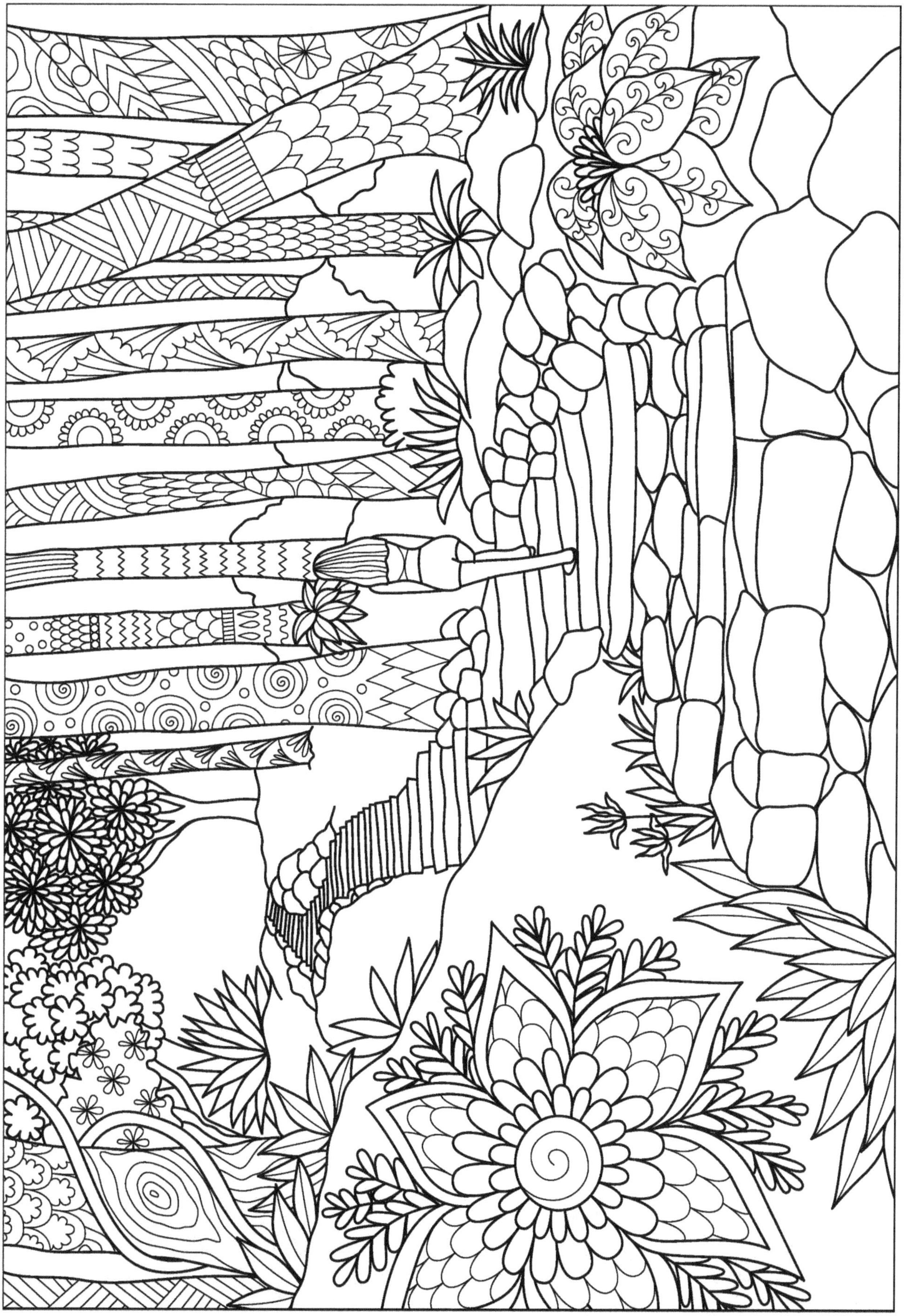

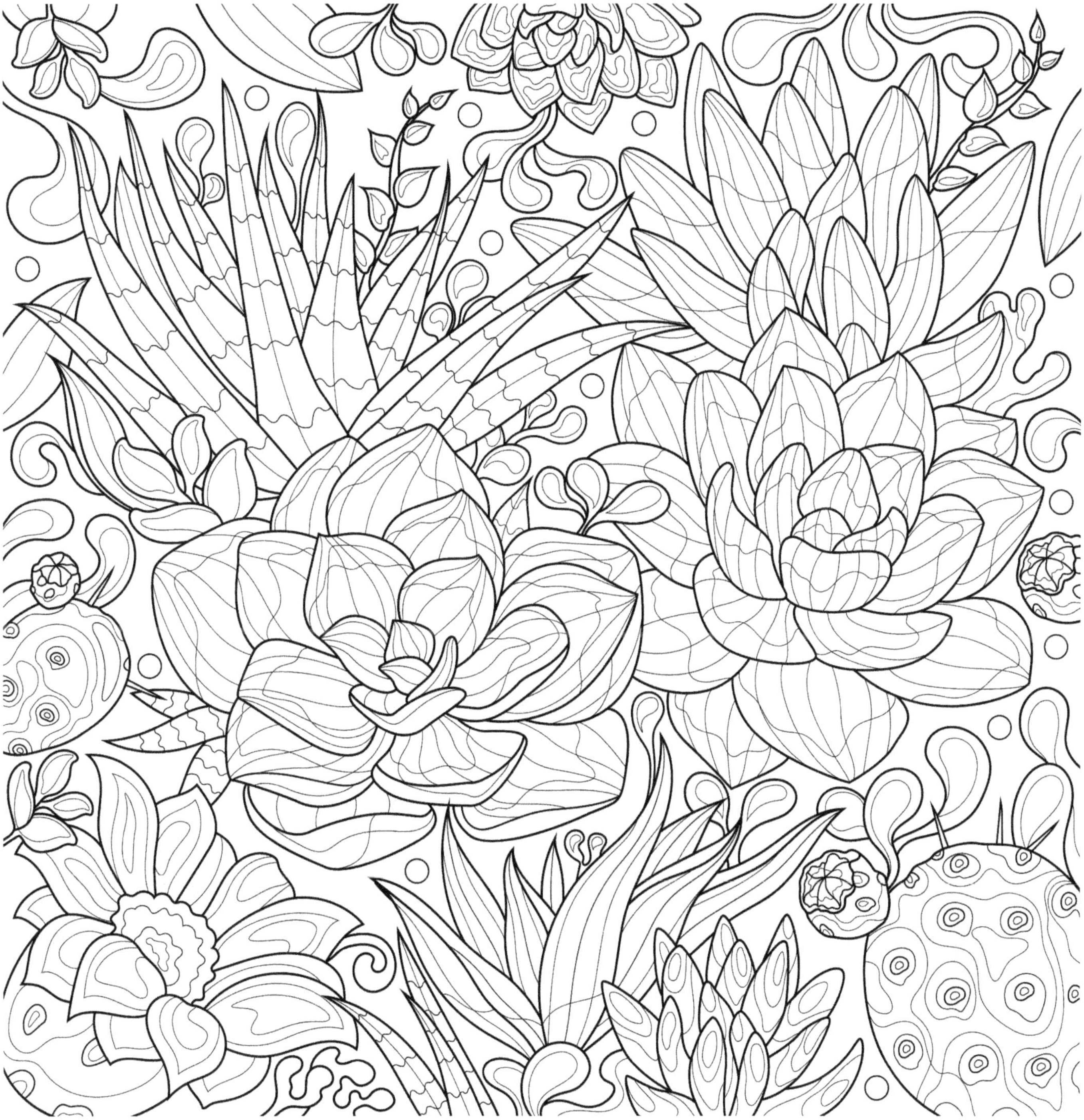

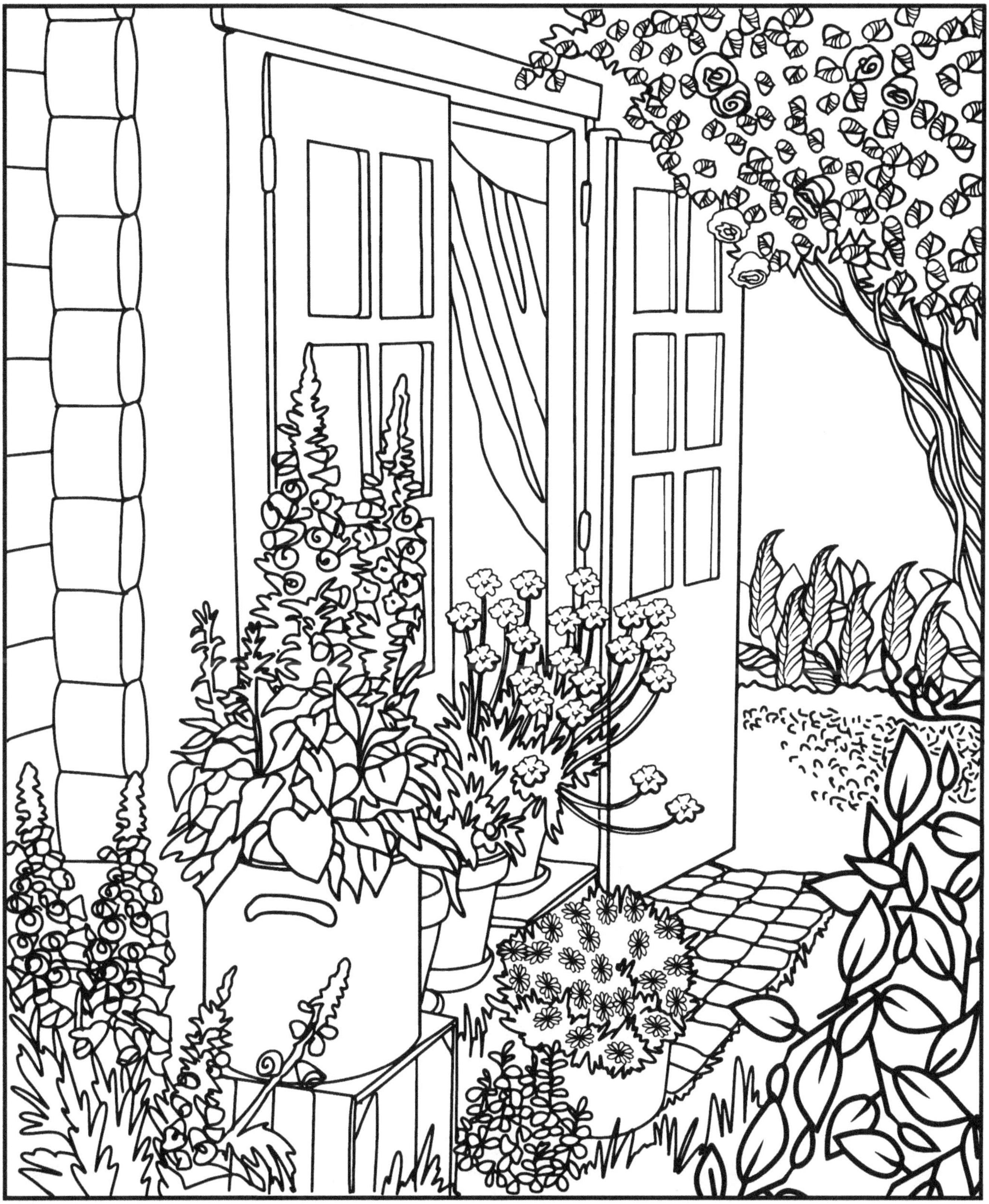

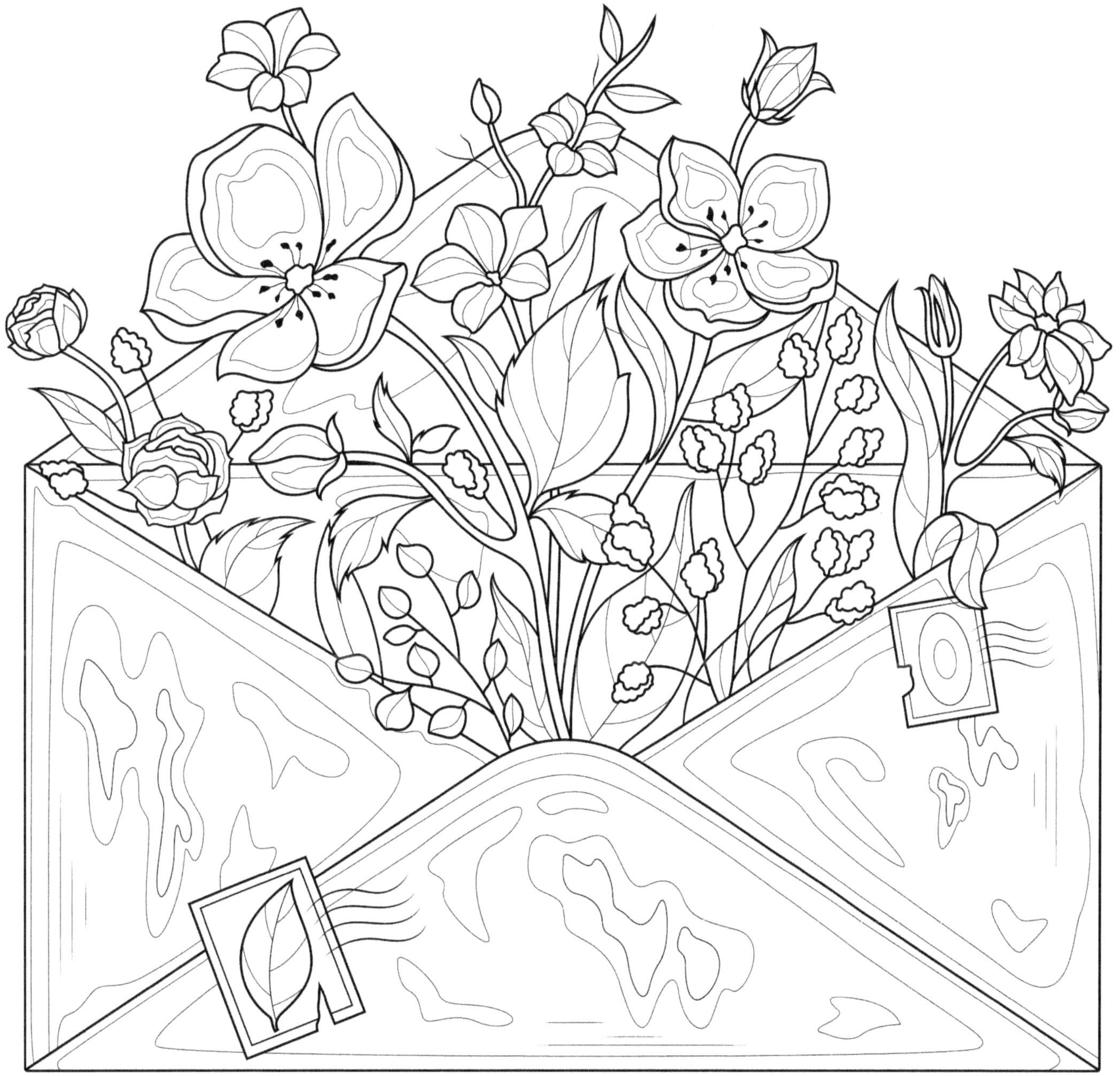

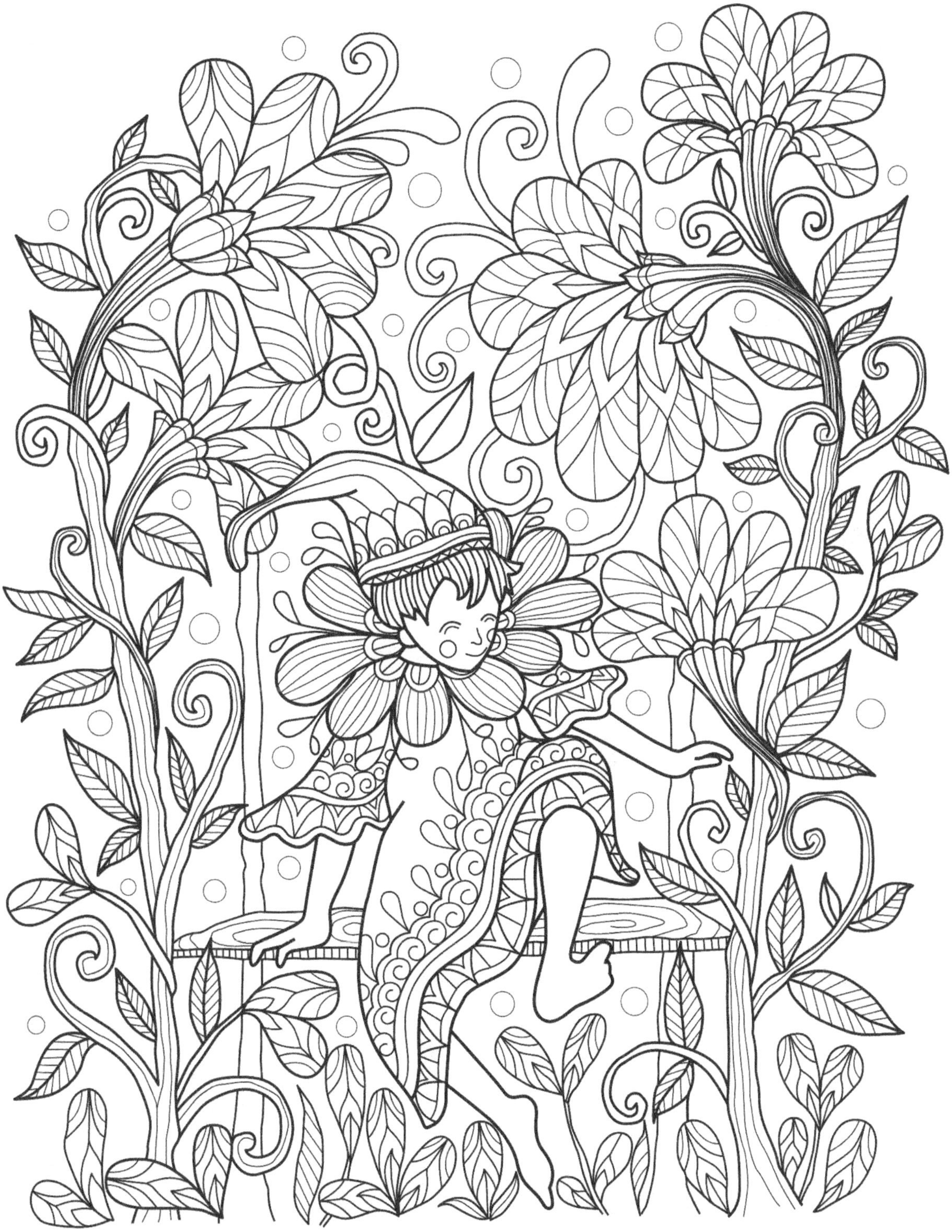

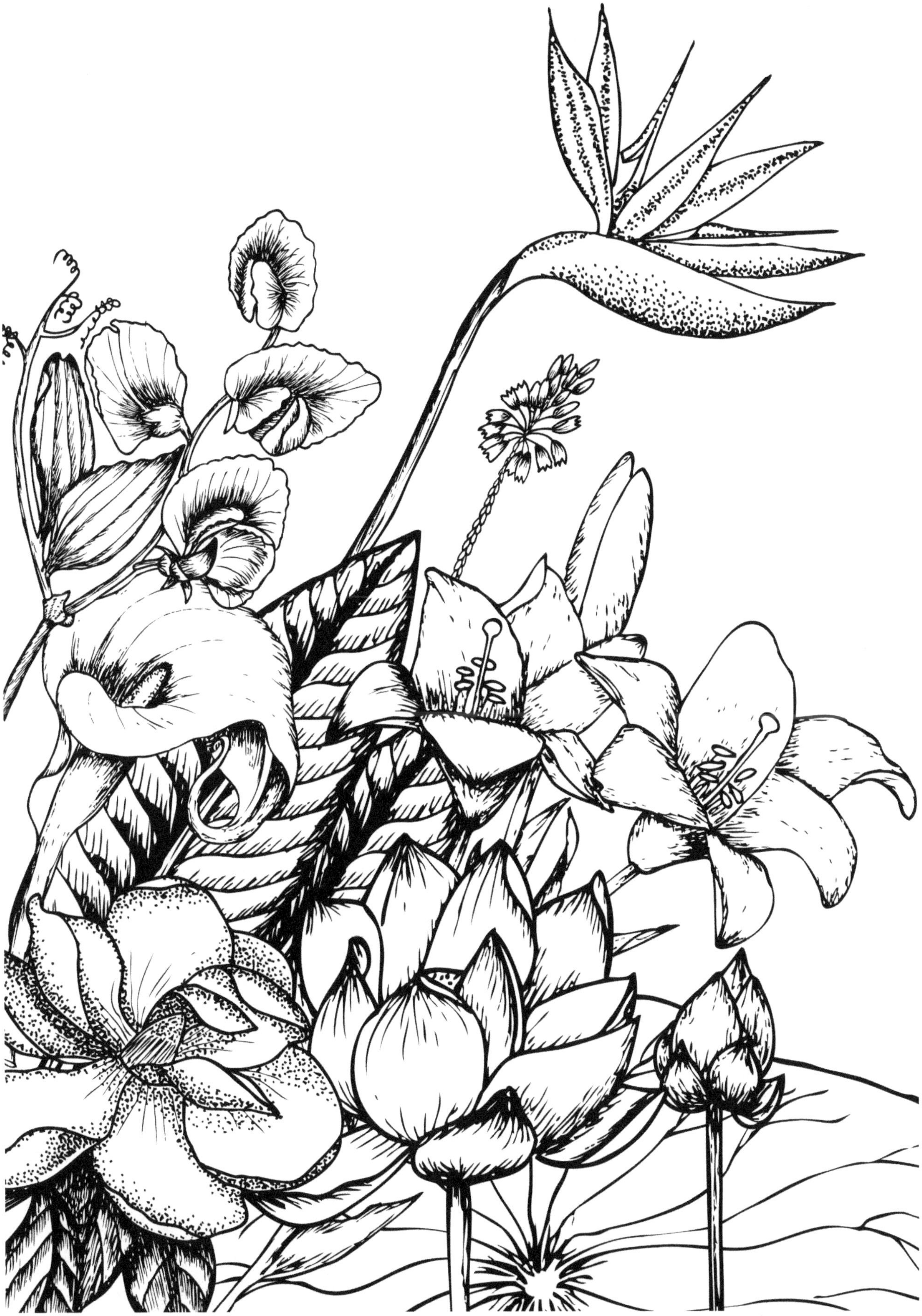

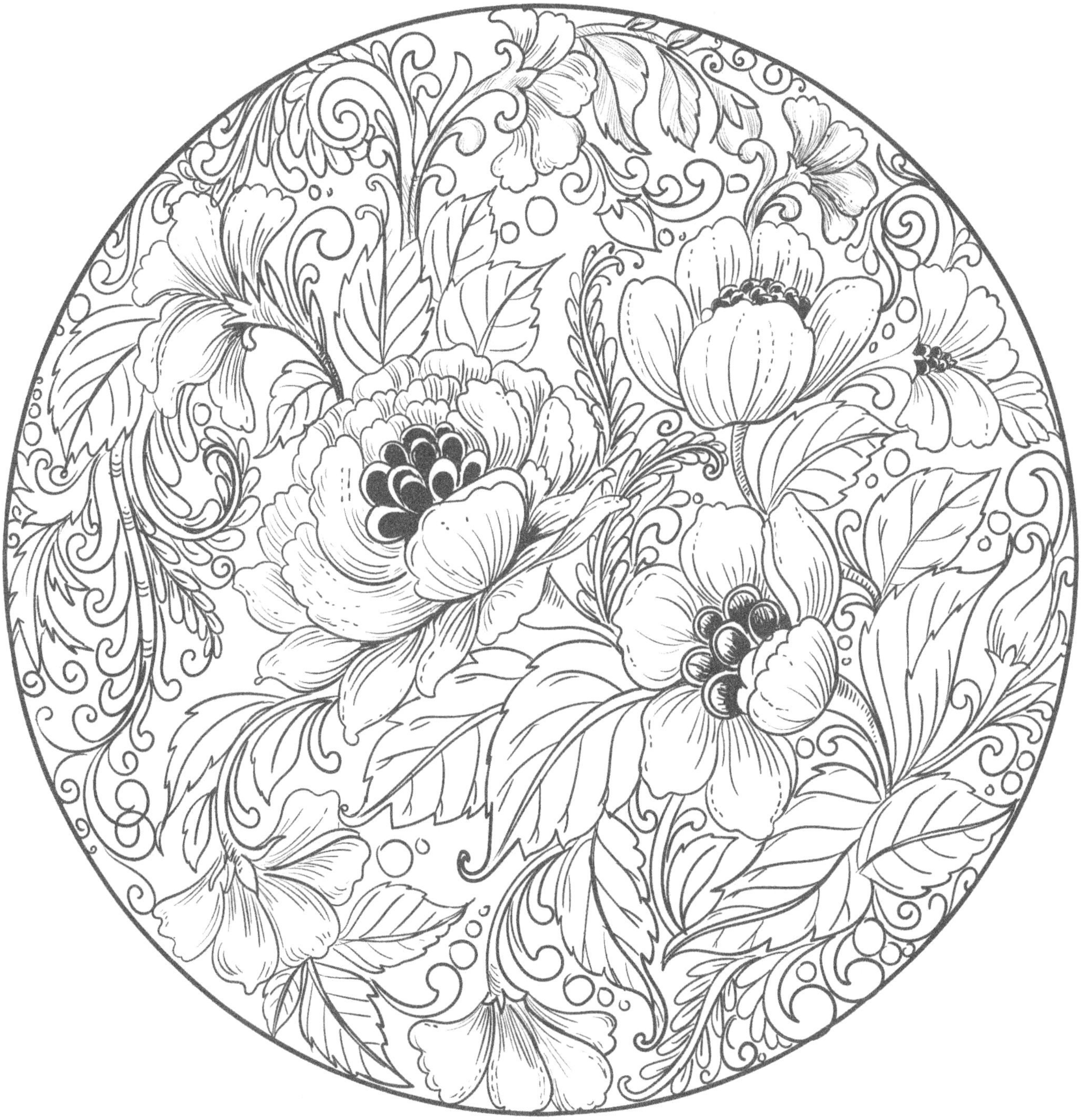

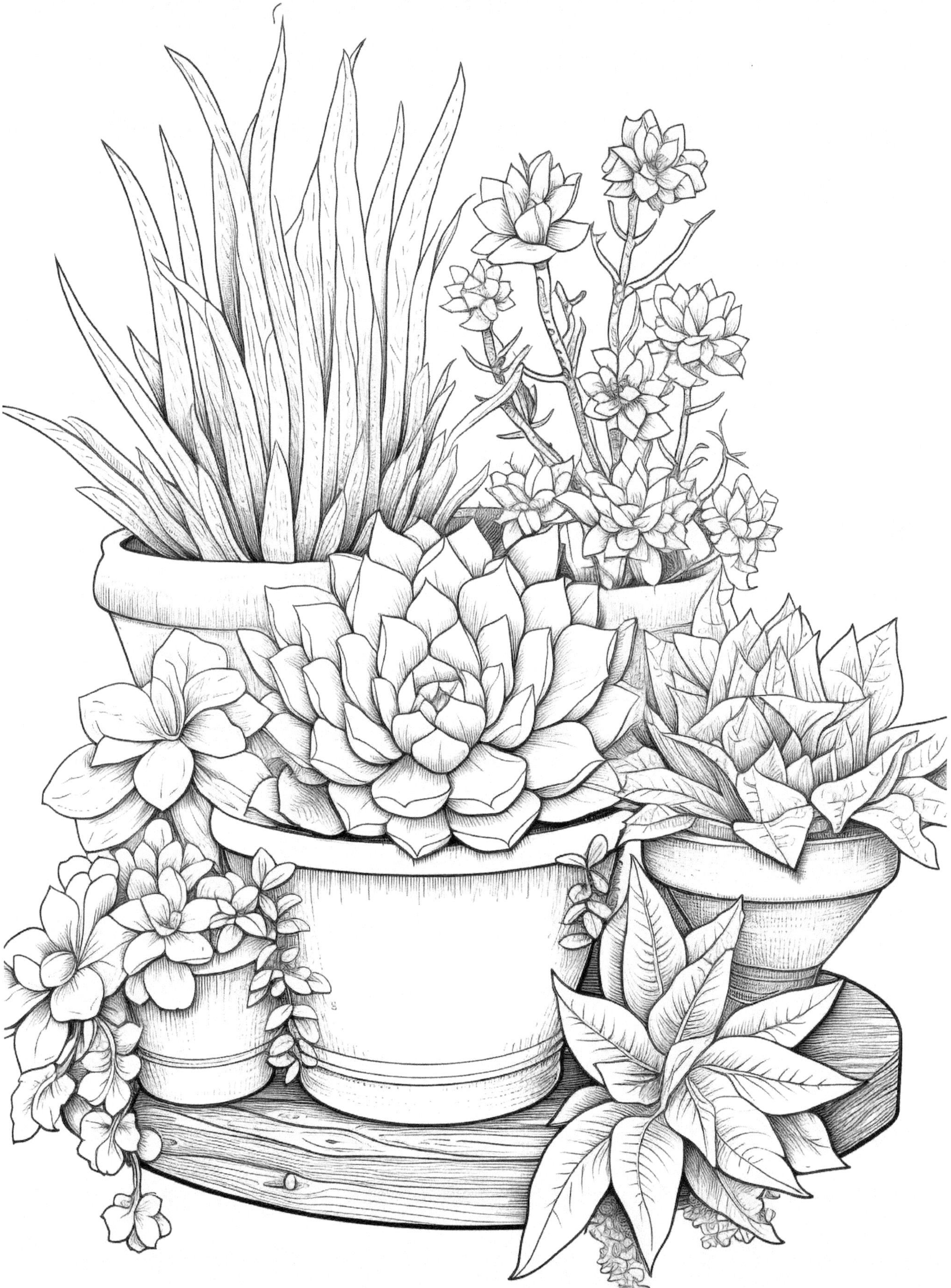

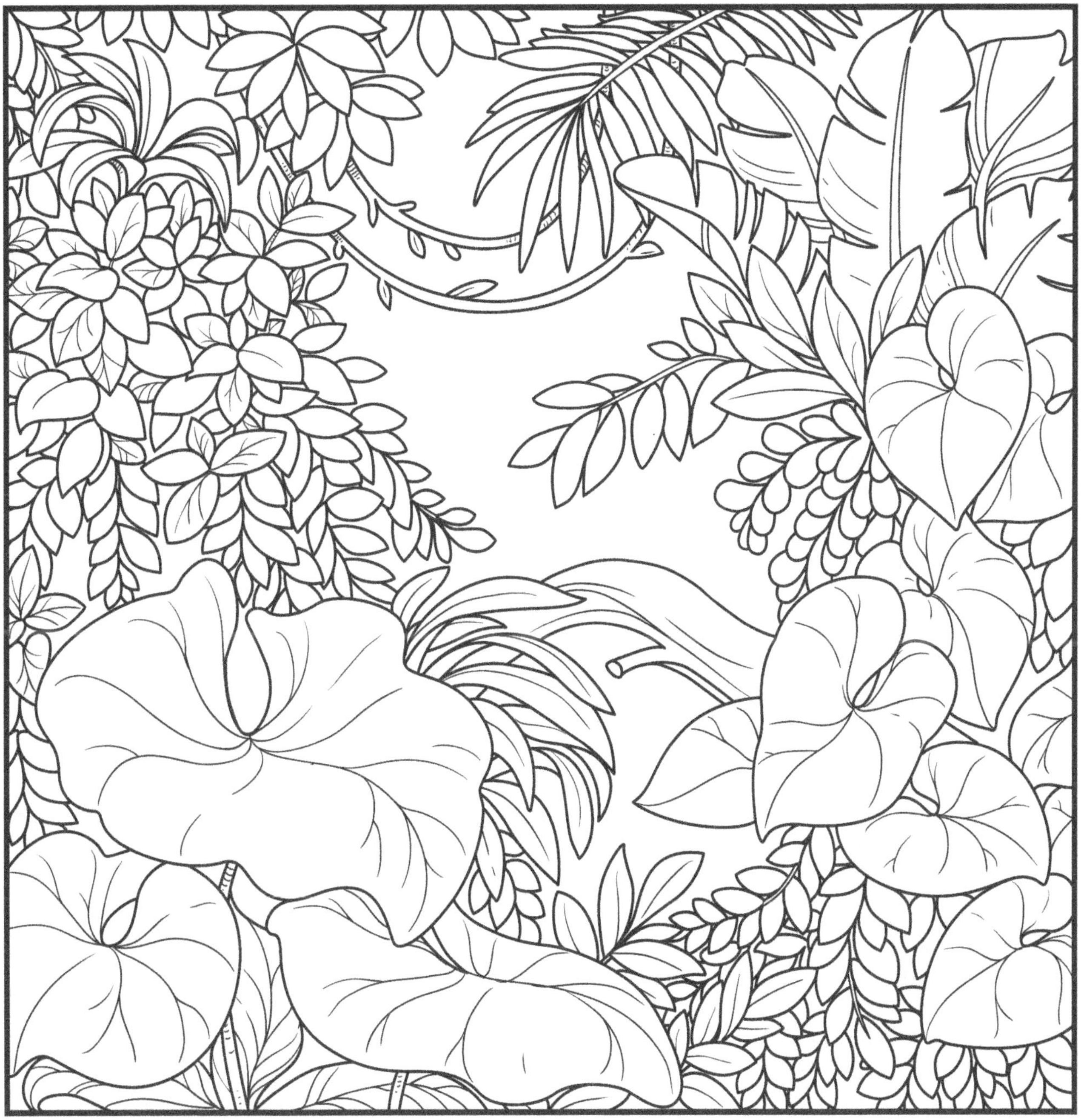

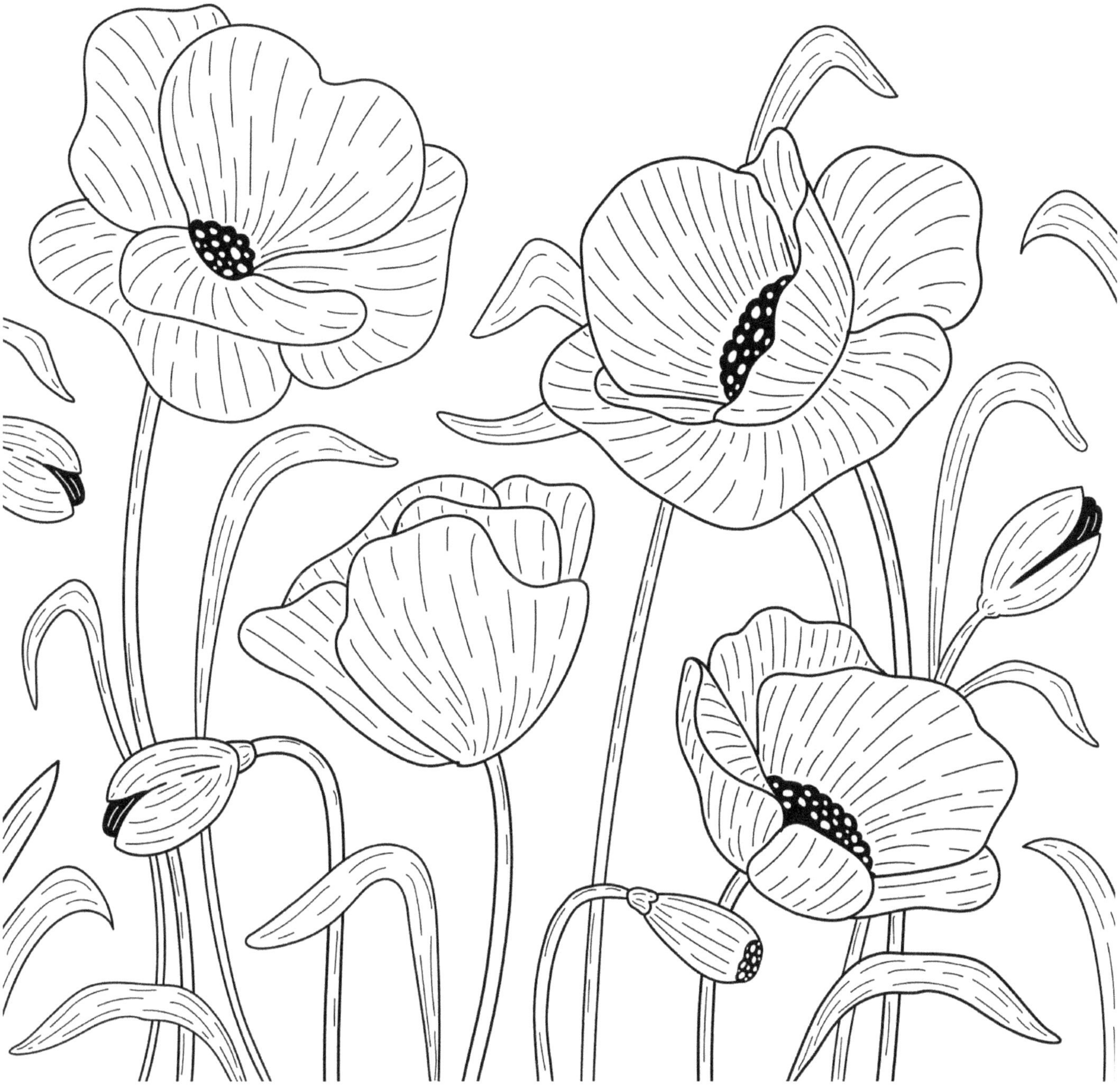

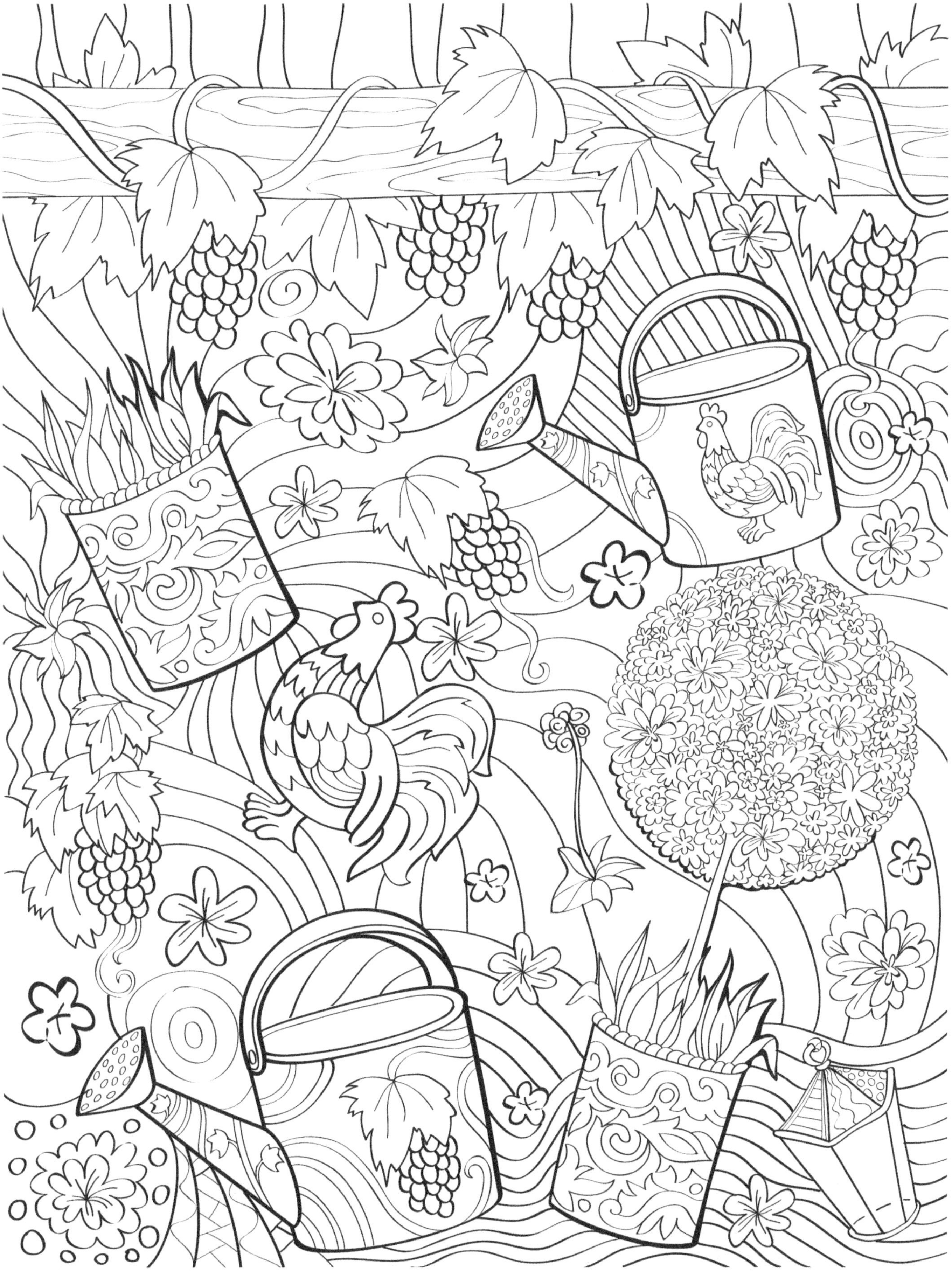

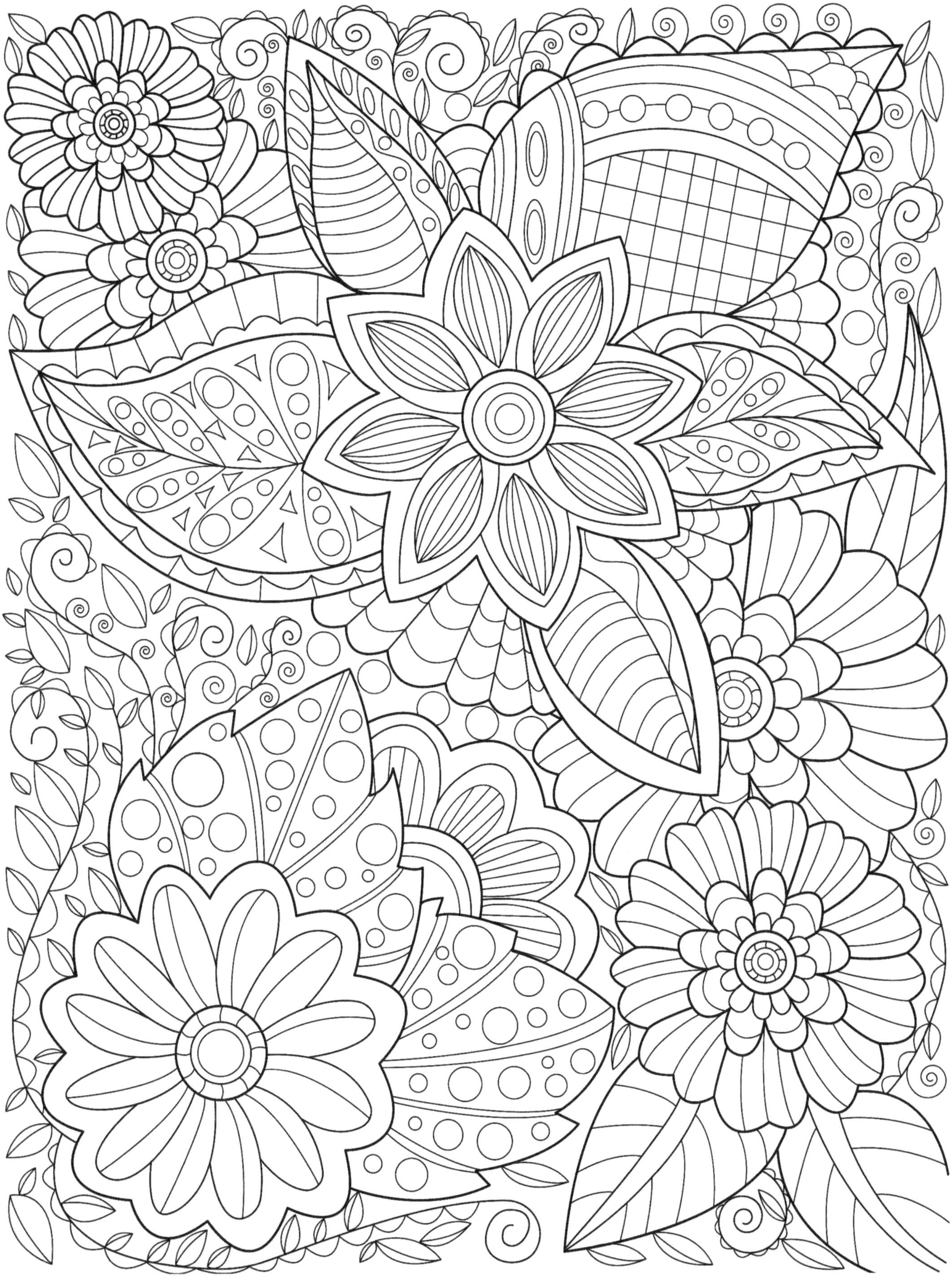

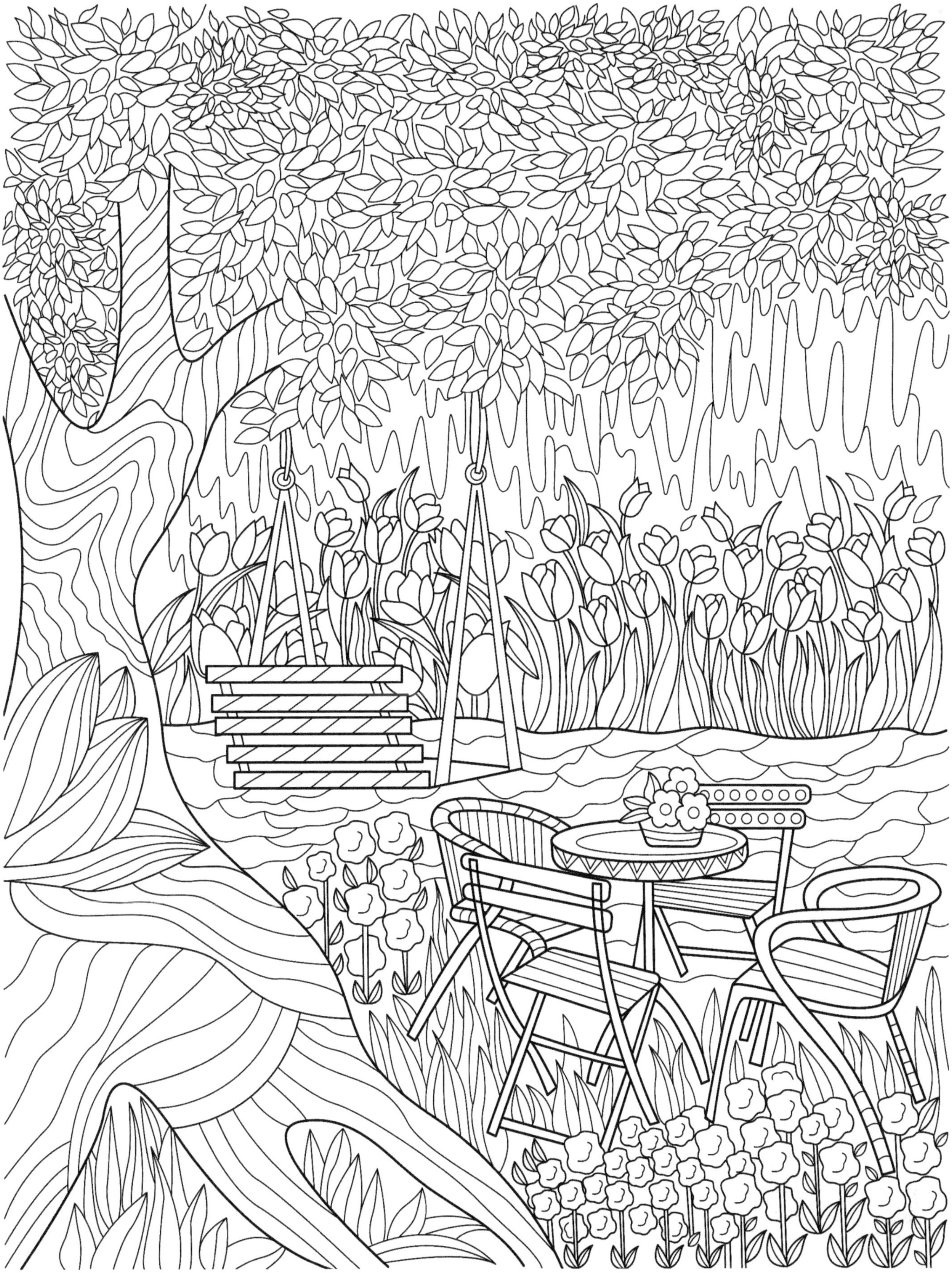

CPSIA information can be obtained
at www.ICGtesting.com
Printed in the USA
BVHW021935080623
665636BV00011B/576

9 798211 190825